Shakira Geisel

Reiseführer für Helden

Bibliografische Information der Deutschen Nationalbibliothek
Die Deutsche Nationalbibliothek verzeichnet diese Publikation in der Deutschen Nationalbibliografie; detaillierte bibliografische Daten sind im Internet über **http://dnb.d-nb.de abrufbar.**

Autorin des Buches: © Shakira Geisel

E-Mail: helden-reisen-bewusst@web.de

Webseite:
https://heldenreise-blog.de

Layout und Satz des Buches: Shakira Geisel

Korrektur: Tatjana Walter

Umschlaggestaltung: Shakira Geisel

Coverbilder, Bilder und Bildcollagen:
© Artdesign Osorio
© Shakira Geisel

Verlag:
Angelina Schulze Verlag
Vor dem Walde 9, 38268 Lengede
verlag@angelina-schulze.com
https://angelina-schulze-verlag.de

1. Auflage März 2021

ISBN: 978-3-96738-132-0

Dieses Buch ist all meinen lieben Heldinnen und Helden gewidmet, die ich durch die herausforderndste Zeit ihres Lebens begleiten darf.

Jetzt ist die Zeit gekommen, um wieder ganz DU SELBST zu SEIN und den Weg deines Herzens zu gehen.

Ohne im Vorfeld das Modell Heldenreise der Herren Campbell und Co. gekannt zu haben, kam auch ich zu deren Erkenntnisse auf meiner persönlichen Reise. Sie wurden zu meinen Lebensweisheiten, so entstand dieses Buch.

Dies ist das **Basisbuch** meiner Heldenserie.
Es beschreibt das Grundwissen, die Stationen und Herausforderungen der Entwicklungsreise im Veränderungsprozess. Jeder Mensch durchläuft zigmal im Leben diese Zyklen, nämlich immer dann, wenn er in seinem Leben etwas verändert. Eine gute Übung, bevor es ins Finale geht, denn dort geht`s wirklich zur Sache. Deine ganze Welt steht plötzlich Kopf, dein Leben gleicht einem Scherbenhaufen. Wenn es ganz besonders tief und intensiv wird, dann wisse, dass du dich auf dem Rückweg zu dir selbst befindest. Dieser finale Lebensabschnitts-Wandel ist mit großen Herausforderungen bestückt, die uns an unsere sensibelsten Emotionen und tiefsitzenden Grenzen bringen.

Und wie bei allem gilt:

Dort, wo es viel zu gewinnen gibt, ist der Einsatz entsprechend hoch und erfordert dein gesamtes Potenzial. Doch eins ist sicher: Wenn du es geschafft hast, bist du unendlich viel reicher, weiser, größer und stärker als zuvor.

Ich kam zu der Überzeugung, dass die „Reise des Helden“ nichts anderes als ein Handbuch des Lebens ist, ein vollständiger Ratgeber in der Kunst, Mensch zu sein.

(Christopher Vogler)

Das Modell der Reise des Helden ist im Grunde eine Metapher für die Ereignisse während eines Menschenlebens. Wenn sie einmal nicht weiterwissen, können sie ihre Metapher gleichsam wie eine Landkarte ihrer Reise befragen. Immer und überall ist das Abenteuer eine Reise ins Unbekannte. Immer und überall aber vergeht auch die Gefahr von jedem, der Berufung und Mut aufbringt.

(Joseph Campbell)

Jeder Mensch ist der Held einer eigenen Entwicklungsreise.

(Paul Rebillot)

und unser Herr Goethe sagte:

Es reicht nicht, es zu wollen, man muss es auch tun!

Inhaltsverzeichnis

Reisevorbereitungen

Stell dir mal vor, das Leben ist einfach und die Veränderungen, die uns tagtäglich herausfordern, sind nur dazu da, dass du wieder zurück findest zu dem, weshalb du auf die Welt gekommen bist.

Du möchtest glücklich, gesund, erfolgreich sein - Richtig?

Und du magst in voller Freude und erfüllter Liebe dein Leben genießen!?

Wenn du das nicht möchtest, dann sind meine Reiseführer und Heldenratgeber nichts für dich. Wenn doch, dann nehme ich dich jetzt mit auf eine Reise.

Viele kennen die Heldenreise, in der es um Veränderung und Neubeginn geht. Meine Art der Heldenreise ist eine neuzeitliche und für die Heldinnen und Helden der neuen Zeit geschrieben.

Für die, die in Aufbruchstimmung sind und den Ruf hören, eine neue Welt zu erschaffen. Für sich selbst, sowie für uns alle.

Jetzt ist die Zeit gekommen, auf die wir alle so lange gewartet haben. Es ist, als finde die Verbindung der Welten wieder statt, innen sowie außen.

Ich möchte dazu animieren und motivieren, die Lebensphasen und jegliche Lebensveränderungen wie eine Heldenreise, spielerisch und leicht, anzugehen. Für alle, die offen sind für praktische, leicht umsetzbare Inspirationen und Motivationen möchten, um sich auf den Weg zu machen. Ein deutlich und bewusstmachen, dass wir alle ähnliche Themen haben auf unserem Heldenweg LEBEN, und dass es immer auch - ganz gleich welches »Problem« sich in unserem Leben zeigt - es auch eine passende Lösung gibt.

Die meisten Menschen mögen keine Veränderungen und scheuen sich deshalb auch oft davor, für sich selbst einzustehen und ihren eigenen Weg zu gehen.

Herausforderungen meistern gehört mit zu unserem Leben dazu, ebenso wie Veränderungen und die Entfaltung unserer Persönlichkeit.

In all meinen Reiseführern zeige ich den Helden und Heldinnen, die sich auf ihren Lebensweg zu sich selbst machen - in neuer Zeitqualität - einen einfachen und strukturierten Weg auf, wie sie erfolgreich und vor allem leicht durch die Veränderungsphasen in ihrem Leben kommen können.

Ich möchte sie zum bewussten Angehen ihrer eigenen Träume, Ziele und Wünsche ermutigen, ihnen ein Inspirationsfeld und das richtige Werkzeug mit Umsetzungsplan zur Verfügung stellen, mit dem Ziel, die eigenen Begrenzungen und Beschränkungen ihrer aktuellen Vorstellungskraft aufzuheben.

Meine Bücher sind

sowohl

für die sogenannten Herzmenschen - die oft Hochsensiblen mit viel Liebe und Spirit im Blut - denen es meist schwerfällt, sich in der oft - für sie - »kalten Welt« voller Paragraphen und Gesetzen zurecht zu finden, die sich (noch) zu wenig trauen, SIE SELBST ZU SEIN und ihren EIGENEN WEG selbstbewusst, selbstbestimmt und leicht zu gehen,

als auch

für die klaren Kopfmenschen, die wieder mehr ins mystische Abenteuerland eintauchen dürfen, um ihre wahren Träume, Seelenziele und Wünsche zu entdecken. Stress und Burnout mögen gehen, es lebe Peter Pan oder die Pippi Langstrumpf in dir.

Meine Reiseführer sind Mutmacher und Ratgeber für Helden und Heldinnen, sie laden dich zum direkten Umsetzen ein und ich wünsche mir, dass es für dich ganz leicht und einfach gehen kann, damit du deine wahren Lebensträume wirklich leben kannst.

Wer bin ich?

Ich bin Shakira ... Shakira Geisel ...

Autorin mit Herz und Seele

Ich bin der Überzeugung, dass alles, was ich wissen muss, zur rechten Zeit zu mir kommt. Alles, was für mich wichtig ist, kommt zu mir. Mein Leben ist perfekt. Und wenn es mal nicht so scheint, oder es etwas chaotisch wird, dann korrigiere ich es entsprechend.

Es gibt kein neues Wissen, alles ist ur - ur- alt. Unendlich. Somit gibt es nichts neues, nur vielleicht einen anderen Blickwinkel, eine andere Perspektive, eine Erinnerung, in einem anderen Zusammenhang. Wir schöpfen alle aus dem gleichen Feld, so bin ich glücklich und dankbar dafür, diese Zeilen für dich hier - in meiner Art - zusammenzufassen. Mögen sie dich erinnern und bereichern, dich wieder erkennen lassen, wer du wirklich bist.

Ich glaube und bin überzeugt davon, dass wir nicht nur Körper sind, das Schicksal bestimmt nicht, was ich zu sein habe. Wir sind sehr, sehr viel mehr. Wir sind wie ein Samenkorn, aus dem göttlichen Feld entstanden, bestehend aus Körper, Seele, Geist und Psyche. Diese Einheit, die wir sind, macht jeden von uns als Individuum aus. Jeder von uns ist ein Puzzleteil des großen Ganzen. Setzt man alle Puzzleteile wieder zusammen, sind wir wieder EINS. Es ist mir, als hätte ich dieses nie vergessen und immer - als Wissen und Gefühl - in mir bewahrt. Ich lass mich führen und liebe das, was ich tue.

So schreibe ich auf, was Anderen auf ihrer Heldenreise, - ihrem Leben - hilft.

Für dich und deinen persönlichen und individuellen Weg zu dir selbst.

Viele Wege führen nach Rom

Es gibt ihn nicht, den EINEN, einzig richtigen Weg! Es gibt viele Wege, unzählig viele Wege.

Und alle führen uns letzten Endes ans Ziel.

Nichts ist richtig und nichts ist falsch. Es gibt ausschließlich Erfahrungen. Zugegeben, die einen sind angenehmer als die anderen, ja! Doch letztlich sind alle äußerst wertvoll, vor allem die komischen und anspruchsvollen.

Ja, ich kenne das Gefühl, wenn uns der Mut fehlt, etwas Anderes zu machen als das, was uns beigebracht wurde. Doch ich kenne auch die Sehnsucht und das Gefühl, dass dich ständig an piekt und dich daran erinnert, dass du eigentlich wegen etwas ganz Anderem hier bist. Wenn dich dein Umfeld und deine Mitmenschen ständig darauf aufmerksam machen, dass du dich NICHT am richtigen Platz befindest, und dass du dich woanders sehr viel wohler fühlen würdest als dort, wo du gerade bist. Wir spüren es, doch verdrängen es oft im gleichen Augenblick schon wieder. Das kann nicht sein, dass darf einfach nicht sein. Auf keinen Fall. Nein.

So zieht die Zeit ins Land. Bei manchen tickt gar auch die biologische Uhr. Druck entsteht, Stress breitet sich aus. Ein wirklich blödes Gefühl, an das ich mich noch sehr gut erinnern kann.

So stellte ich mir eines Tages die Frage:

Woran liegt es denn eigentlich, dass wir - obwohl wir spüren, dass es da noch was ganz Anderes für uns zu erleben gibt, uns oft nicht trauen, uns auf den Weg zu machen? Warum halten wir so sehr an Altem fest und geben uns mit dem zufrieden, was wir gerade haben, was wir sind, was wir tun und mit wem wir zusammen sind?

Oft fehlt uns der Mut, uns auf einen Weg zu begeben, der uns unbekannt und fremd ist. Unsicherheit breitet sich in uns aus und der nötige Mut verkriecht sich schnell wieder unter der Ofenbank.

Im sicheren Bereich bleiben, das fühlt sich viel besser an, als die Koffer zu packen und sich wagemutig auf den Weg zu machen. Zielgerichtet schon gar nicht, denn oft ist hier gar nicht klar, was denn das Ziel überhaupt ist.

Wohin sollst du denn auch gehen? Und so schlimm ist es ja dann auch wieder nicht. Eigentlich geht es dir ja auch ganz gut. Das Jammertal ist auf einem hohen Niveau angesiedelt, denkst du dir vielleicht, und jammern passt ja auch gar nicht wirklich zu dir. Du weißt, dass du alles schaffen kannst. Wenn die richtige Zeit kommt, dann wird sich schon alles fügen. So denkst du vielleicht!? Oder wenn erst mal dies oder das geschafft ist, dann wird alles anders.

Aber was soll eigentlich anders werden?

Viele meiner Heldinnen und Helden wissen oft gar nicht, was sie anders haben möchten. Sie spüren oft nur diese Sehnsucht, die sie immer wieder plagt. Sie spüren eine Leere in sich und sie träumen sich davon. In ein Land der unbegrenzten Möglichkeiten. Oder ins Abenteuerland. Oder ins Kinderwunschland. Oder ins Wohlfühlland. Oder ins Land der bedingungslosen Liebe, der Wertschätzung und Anerkennung.

Genau hier gibt es bereits den ersten Hinweis, dass das Leben des Helden oder der Heldin nicht erfüllt ist. Erfüllung ist das pure Glücksgefühl, eine High Level Energie, die uns vollständig sein und fühlen lässt.

Lebensfreude pur. Leichtigkeit. Ein gigantisches Glücksgefühl!

Unser Unterbewusstsein schickt bereits die entsprechenden Impulse an Kopf und Herz. Insgeheim wissen wir also, dass eine Veränderung ansteht, und gleichzeitig schieben wir es vor uns her, weil wir noch keinen klaren Durchblick und Plan davon haben, was wir eigentlich wollen. Wir haben Angst vor Veränderung, Angst davor, ins Ungewisse aufzubrechen. Oft deshalb, weil wir nicht wissen, was uns erwartet. Ein uraltes instinktives Gefühl, eine Intuition, die uns vor Gefahren schützen soll. In einer längst vergangenen Zeit war das ja auch lebensnotwendig, doch heute sind diese Überlebensinstinkte meist überholt und hinderlich. Wir müssen und können das überwinden. Wir schaffen es sogar, Ziele zu erreichen, die wir zunächst für vollkommen unrealistisch gehalten haben.

Risiken und Nebenwirkungen

Achtung! Wichtiger Hinweis!

Dieser Ratgeber ist nur für Helden gedacht.

Zu Risiken und Nebenwirkungen kann dir ein Arzt oder Apotheker nicht unbedingt eine Auskunft geben. Außer er oder sie ist ein Held, bzw. eine Heldin. Dann könnte er oder sie dich über die Gefahren aufklären.

Könnten wir uns darauf einigen, dass ich, wenn ich von Held schreibe, beide Geschlechter meine. Ich meine den Helden, ebenso wie die Heldin, spreche von beiden und schreibe, der Einfachheit halber vom Helden. OK - Danke schön!

Also, bezüglich der Gefahren. Ja, ja. Eine Heldenreise birgt Gefahren. Lebensverändernd kann sie sein. Dein Leben kann eine ganz neue Richtung einschlagen. Du könntest dich von Altem oder Vertrautem, deinem gewohnten Umfeld verabschieden. Es ist auch sehr wahrscheinlich, dass dir in Zukunft weitere Helden in deinem Alltag begegnen werden. Das liegt an den Helden, die Geschichten schreiben. Und alle Helden sind miteinander verbunden. Magisch ziehen sie sich an, die Helden. Deine Wahrnehmung könnte sich verändern, du könntest bewusster und aufmerksamer durch die Welt spazieren. Verstärkt nimmst du Persönlichkeiten wahr und lernst das Spiel dahinter kennen. Sobald du beginnst, dich einer Sache zu widmen, du die Aufmerksamkeit, deinen Fokus auf etwas lenkst, gibt es - laut der Psychologie - selektive Wahrnehmungen. Ein wahres Phänomen. Die Gesetzmäßigkeiten wirken universell, auch in der Anwendung. Unsere Gehirnforscher und Quantenphysiker - in meinem Fall: Dr. Joe Dispenza - lehrte mich, dass mit einer bestimmten Art der Meditation alles möglich ist. Und es funktioniert. Grandios sogar. Es könnte also durchaus sein, dass der Funke auf dich überspringt und es bei dir ebenso ist. Unser Gehirn ist darauf angelegt, unser Herz (Emotionen) tun ihr Übriges dazu. Es geht nämlich nur zusammen. In Helden*Balance sozusagen. Wissenschaftlich ist es also erwiesen, dass es Schwingungsfelder und Frequenzen gibt, die wirken. Albert Einstein sagte bereits, dass alles Energie ist. Und wir können diese steuern! Auf deiner Heldenreise ist also nichts unmöglich. Drum sei gewarnt. Wenn du an deinem Leben nichts verändern willst, dann lies besser nicht weiter!

Ansonsten wirst du kaum drum herumkommen, dass meine Heldenratgeber dir zu mehr Selbstbewusstsein, mehr Energie, mehr Lebensfreude, besseren Perspektiven, völlig neuen Zielen verhelfen. Was natürlich deinen »Aufbruch« voraussetzt :) Und über die Schwelle musst du auch gehen. Den Schwellenwächtern Stand halten, die Prüfungen überstehen. Den Drachen zähmen, der deinen Schatz (welcher dein größter Herzenswunsch sein kann) hütet. Den Schatz in deinem Leben integrieren und GLÜCKLICH SEIN.

Diese Heldenreise gilt es zu bestehen. Die Gefahr, dass du in deiner Persönlichkeit wächst und dein Potenzial in dir erwacht, besteht ebenso, ohne Zweifel. Es könnte also sein, dass dein Leben an Lebendigkeit und Intensität gewinnt. Wenn du hierfür bereit bist, dann lass uns zusammen auf die Reise gehen. Was wir hierfür auf jeden Fall im Gepäck haben müssen, ist der Helden*Mut.

Helden*Mut

Mut - mutiger - am mutigsten...

Natürlich braucht es jede Menge Mut dazu, wir SELBST zu sein. Einfach so zu sein, wie wir sind. Unser Leben so zu gestalten, wie wir es wollen und nicht so zu sein, wie andere uns gerne hätten. Dieses Verbiegen in alle Richtungen, um es anderen recht zu machen. Kennst du das auch von früher oder bist du womöglich noch mitten drin?

Wofür brauchst DU am meisten Mut?

Ich habe genug davon, von diesem ewigen Kampf zwischen

* richtig und falsch

* gut und schlecht

* hell und dunkel

* Kopf und Herz

* entweder / oder

Viel besser passt für mich das »SOWOHL als AUCH«. Warum nur immer diese Ein - und Beschränkungen?

Wer sagt uns denn, was richtig und was falsch ist?

Und warum glauben wir dieses und nehmen es einfach so hin? Oft sogar ohne es zu hinterfragen.

Warum lassen wir uns in ein Korsett zwingen?

Doch:

* Was passiert, wenn wir es endlich alles gut sein lassen!

* Wenn wir einfach damit aufhören zu kämpfen und sagen: Es ist vorbei

* Wenn wir einfach mit uns selbst Frieden schließen!

* Uns selbst vergeben und im gleichen Zug allen anderen auch!

Stell dir einfach mal vor, es käme eine(r) und erlöst dich aus diesem Alptraum! Diese(r) löst dieses Korsett, das wie ein Panzer uns einengt und begrenzt und sagt:

Du bist gut genug!
Genauso wie du bist!
Du bist vollkommen, richtig und gut!

Ich legte die Rüstung ab und beendete den Kampf.

Ich schließe Frieden mit mir und mit allem was war, ebenso mit jenen, die mich verletzten.

Es ist vorbei, Ruhe kehrt ein.

Ab sofort gilt das neue Drehbuch, das alte wird geschlossen.

Ich darf alles sein, ebenso wie du alles sein darfst!

Der Regisseur hat das Sagen. Er bestimmt, welche Initiierung gespielt wird. Und wer ist im Idealfall der Regisseur deines Lebens? Ja genau :))) ...

Du! Du bist es! Du bist Regisseur und Chef deines Lebens!

Du bestimmst, welches Drehbuch jetzt verfilmt werden darf.

Das Alte oder das Neue?

Du entscheidest!

Vertraue!

Vertrauen ist die schönste Form von Mut!

Es geht darum, du selbst zu sein

Was bedeutet es eigentlich, ich selbst zu sein?

Wann bin ich denn ICH selbst?

Das habe ich mich schon in jungen Jahren gefragt und mich seither intensiv mit Persönlichkeit, Charisma, Bewusstsein und Selbstfindung beschäftigt, bis ich letztendlich bei Spirit mit enormen Tiefgang gelandet bin.

In all dieser Zeit habe ich viele Erfahrungen gemacht, zu Beginn überwiegend solche, die mir aufzeigten, wie ich NICHT ich selbst bin! Die Weisheit des Erkennens dauerte viele Jahrzehnte hinweg.

Ständig bin ich angeeckt, wenn ich mich ganz frei und leicht fühlte. Immer war mindestens eine oder einer dabei, dem ich es nicht recht machen konnte und der eine Änderung nach deren Willen einforderte. Da meine Mutter auch zu diesen gehörte, ging dieses Thema tief in meine Prägung mit ein. So fing ich früh an mich zu verbiegen, in alle Richtungen. Bis ich schließlich zu der bitteren Erkenntnis kam, dass es immer Leute geben wird, die unzufrieden (mit mir) sein werden.

Ganz gleich wie und was ich auch machte, es war immer falsch. Heute weiß ich, dass diese Menschen die Rolle des Schwellenwächters übernommen haben, die einen bestimmten Auftrag übernahmen. Näheres dazu erkläre ich auf der Reise.

Als ich dieses Wissen und das Bewusstsein hierzu noch nicht hatte, bin ich fast verzweifelt an diesen Menschen. Es war so, als drehte ich mich ständig im Kreis und je mehr ich versuchte es ihnen recht zu machen, je massiver unzufrieden wurden sie und forderten immer noch mehr von mir ein.

Wehe dem, der ausbrechen will aus diesem Kreis, der musste mit unerbittlichen und schwerwiegenden Folgen rechnen.

So war ich lange Zeit wie eine Gefangene, wurde ständig korrigiert und in eine Form gepresst, die wie ein viel zu enges Korsett für mich war.

Ich lernte praktisch von Kindheit an, NICHT ich selbst zu sein, anstatt dessen wurde ich gut trainiert im gut funktionieren und so zu sein, wie andere mich haben wollten. So war ich ein braves Mädchen... und lange Zeit machte ich gute Miene zum unglücklichen Spiel.

... bis es mir eines Tages wie Schuppen von den Augen fiel... (wobei dies nur durch einen Schmerz ans Tageslicht kam, der größer war als meine Angst vor Veränderung)... und ich mich aufmachte ins Abenteuerland, um meinen eigenen - weiblichen - Weg zu gehen. Es war ein Aufbruch, der mich enorm viel gekostet hatte. Dennoch musste ich gehen, mein Lebensglück rief mich... und es war an der Zeit, endlich ICH SELBST zu werden... und ICH SELBST zu sein.

Meine eigenen Entscheidungen zu treffen und die daraus entstandenen eigenen Erfahrungen - ganz bewusst - zu machen. Ein Weg, der nicht einfach war, denn der Preis war sehr hoch, er kostete mich meine Familie. Doch ich musste ihn gehen, für mich selbst. So machte ich mich auf, ich bereue keinen Tag.

Und die Erkenntnis ist seither in mir gespeichert: Es lohnt sich - auch wenn es schwer ist - den eigenen Weg zu - und für sich selbst - zu gehen.

Keiner ist hier, auf diesem wundervollen Planeten, um so zu sein, wie andere ihn haben wollen! Dies ist eine völlig »irrwitzige« Verwirrung!

Ich stelle immer wieder fest, dass ich mit diesem Thema nicht alleine bin. Es gibt viele von uns, die sich selbst verleugnen mussten und nun damit anfangen, sich auf die Suche nach sich selbst zu machen. Die der Ruf erreicht, dass es Zeit ist, endlich sie selbst zu sein um nun ihren eignen Weg zu gehen.

Glücklich sein ist jetzt angesagt und das funktioniert nicht, wenn wir uns aufopfern und alles dafür tun, damit die Anderen glücklich und zufrieden sind. Uns selbst zu vergessen oder hinten anzustellen führt uns auf jeden Fall nicht zum Ziel. Im Gegenteil, diese Haltung und Einstellung lenkt uns immer mehr von uns selbst weg. Doch das ist eine Erkenntnis, für die ich, wie gesagt, sehr lange gebraucht hatte. Weil sie aber so wichtig ist und es so viele »von uns« gibt, ist es mir wichtig, dieses Buch zu schreiben. Und was auch immer hieraus auf dich zutrifft, nimm einfach das für dich passende heraus.

Es ist gar nicht so wichtig zu wissen, weshalb, wie und warum diese Verwirrungen in diesem Ausmaß entstanden sind. Wichtig ist nur, dass sie als große Aufgabe mit zu unserem Leben gehören. Diese Nuss gilt es zu knacken. Diese Hindernisse dürfen nicht nur, sie müssen sogar, durch Bewusstsein und aktives Handeln transformiert und gewandelt werden.

Denn wie dem auch sei:

Du bist wichtig!
Deinen eigenen Weg gehen ist richtig!
Du darfst so sein, wie du bist!

Ganz so, wie du dich fühlst, was du denkst, wie du sein willst! Ebenso, dass du glücklich bist und dein Leben genießen kannst. Ganz nach deinen Vorstellungen und deinen Herzenswünschen. Das ist dein Geburtsrecht!

Die Erkenntnis, gar nicht mein eigenes Leben zu leben, wenn ich es jedem und allen recht mache, war wie eine Erlösung und der Schlüssel für mein eigenes Leben, für meinen eigenen, urpersönlichen Weg. Ich bin glücklich und mir selbst sehr dankbar dafür, dass ich so mutig war und mich - trotz aller widrigen Umstände - auf den Weg machte.

Was bedeutet: ICH SELBST SEIN?

Es bedeutet: genau das zu sein, was ich JETZT - in diesem Augenblick - bin und fühle (ganz egal wie das ist).

Das nennt sich Akzeptanz.

* Ich akzeptiere mich.

* Ich nehme mich so an, wie und was ich bin.

Wenn es mir jetzt schlecht geht, dann geht es mir schlecht. Ich nehme es an und kämpfe nicht dagegen an. Ich bin in diesem Moment genau das, was ich bin.

* Wenn ich im Moment Angst habe, dann habe ich Angst.

* Wenn ich in Freude bin, bin ich in Freude.

* Wenn ich traurig bin, trauere ich.

* Wenn ich mich glücklich fühle, bin ich voller Glück...

Ich nehme das an, was ist, ganz egal was ich im Moment fühle.

Ich nehme es einfach an!

Ebenso wie ich es nicht bewerte! Es ist, wie es ist!

Ich fühle und handle so, wie ich es - im Moment - kann. Ich handele so, wie ich es gerade für richtig halte, bzw. wie es nach meinem Gefühl, nach meinem Ermessen, meines Erachtens - jetzt richtig ist.

Morgen kann das bereits schon wieder anders sein.

Dennoch bin ich - in jedem Augenblick - genau ICH SELBST. Die Anerkennung und das nicht urteilen, bewerten oder verurteilen dessen ist das, was dich immer mehr du selbst sein lässt.

Dich selbst so anzunehmen wie du in jeder Situation bist, ist der erste Schritt den es braucht, damit andere Menschen dich ebenso annehmen können (wie du bist). Ist es dir selbst nicht möglich, werden es andere auch nicht hinbekommen. Du bist die oder der Erste.

Dies gilt übrigens für alles:

Alles ist zuerst in dir selbst zu finden, bevor es andere Menschen in dir sehen können. Das ist der Schlüssel und das Geheimnis dahinter. Immer zuerst DU, dann erst ist es erkennbar und ersichtlich für andere.

Wie also können andere am besten und leichtesten sehen, wie du wirklich bist?

Indem du dich selbst so annimmst,
wie du wirklich bist,
ganz frei und authentisch,
ohne dich zu verstellen.

Eigentlich ganz einfach :) …wenn da nicht die Tücken wären, die dieses Spiel, das »Leben« heißt, so interessant machen :)

Ich bin dann ich selbst,
wenn ich mich wohl fühle – egal was ich mache.
Wenn ich ohne vorher überlegen zu müssen,
frei sprechen kann und ich in
Leichtigkeit und Freude durch mein Leben tanze.
Leicht, frei, zufrieden und glücklich.

Aber auch wenn ich – du – wir
mal im Schmerz gefangen sind,
wenn wir uns traurig fühlen
und gerade alles ziemlich blöd läuft,
sind wir auf unserem Weg!

Alles ist richtig, auch der Schmerz, die Trauer, die Wut...
Alles gehört dazu – zu uns.

Verwirrungen und Verwicklungen

Eine große Tücke des Lebens ist, wenn wir meinen, immer alles »Richtig« machen zu müssen. Die Einteilung in »Richtig« und »Falsch« Schubladen ist eine Wertung, die dich von deinem »du selbst sein« abhält.

Unser Leben ist ein großes Feld zur Entfaltung, wir wachsen an unseren Erfahrungen. Alles immer »richtig« zu machen ist eine Vorstellung von Perfektion, die es eigentlich gar nicht gibt! Denn wer sagt denn, was richtig und was falsch ist? Wer bestimmt das?

Richtig für wen?

* Für den einen ist es richtig, seine Wäsche zu bügeln, doch der andere liebt eher den Knitter-Style.

* Der eine findet es richtig, in der Schule viel Wissen theoretisch zu lernen, während der andere eher eine praktische Lernweise bevorzugt.

* Richtig findet Herr Maier, jeden Samstag Kehrwoche zu machen, während Frau Schmidt lieber eine Haushälterin zum Ordnung machen einstellt.

usw...

Was also ist richtig und was ist falsch?

Wie oft fallen Äußerungen aufgrund subjektiver Ansichten? Wie oft gibt es Meinungsverschiedenheiten und Stress, aufgrund unterschiedlicher Rechthaberei?

Dieses habe ich noch nie verstanden, doch dieses Thema verfolgte mich, lange Zeit meines Lebens.

Bis ich zu der Erkenntnis und dem Bewusstsein kam:

ALLES ist richtig, ein »falsch« gibt es nicht!

Alles ist eine Erfahrung und eine Entscheidung. Zu jedem passt was Anderes. Das eigentliche Problem liegt in der Intoleranz und Bewertung der einzelnen Personen. Jeder findet was Anderes als wichtig und richtig.

Wir reifen an - und miteinander.

Nicht mehr und nicht weniger.

Wenn du also merkst, dass du in dieser Form (wie du gerade reagiert hast) nicht weiterkommst, dann kannst du ja in der Reflexion der Situation eine Entscheidung treffen, dass du das nächste Mal anders reagieren - bzw. agieren - kannst.

So nimmst du dich jetzt an, wie du - in dieser Situation, in diesem Moment - bist und entscheidest dich für die Zukunft anders.

Ich sag dir: Dieser kleine Unterschied wird enorme Auswirkungen auf dein Leben haben.

Anstatt dich also selbst zu schimpfen, dich klein und schlecht zu machen und zu glauben, dass du wieder mal nicht gut genug warst, nimmst du die Situation als das an, wie sie ist oder war.

Im nächsten Schritt dann machst du dir bewusst, wie du in Zukunft besser agieren kannst und schwups, hast du dich

1) angenommen, wie du bist und

2) dich entschieden, dass du in Zukunft etwas anders machst.

Diese bewusste Entscheidung ist es, die dir für deine Zukunft neue Lebenserfahrungen schenken wird.

Es ist nur eine kleine Korrektur in deinem Bewusstsein, was eine große, enorme Auswirkung auf dein gesamtes Leben haben kann.

Probiere es einfach aus, mach ein Spiel daraus.

Dieses Spiel heißt:

Keine Bewertungen mehr - schon gar nicht deines eigenen Wesens! Anstatt dessen nimmst du alles an, wie es ist.

Du bist so, wie du bist - Punkt.

Nicht gut, nicht schlecht. Die Situation - die ja jetzt bereits in der Vergangenheit liegt - ist so wie sie ist. Du kannst nichts mehr daran ändern.

Ebenso wie du - in dieser Situation - gehandelt hast, wie du zu diesem Zeitpunkt warst.

Und jetzt ist es so, wie du heute - also jetzt - bist. Du bist du, immer und zu jeder Zeit!

DU mit deiner Vergangenheit!

DU in der Gegenwart!

**Wie und was du in Zukunft sein wirst,
bestimmst du durch dein Denken,
Handeln, Sprechen, Fühlen und Sein
- im JETZT**

Seit mir dieses (wieder) richtig bewusst ist, urteile ich nicht mehr über mich, ebenso wie über andere.

Anstatt dessen frage ich mich nach einer Situation, einem Ereignis oder Erlebnis, das mir nicht wirklich gefallen oder mir nicht so gut gelungen ist:

»Was kann ich das nächst mal anders machen?«

»Gibt es etwas, was ich das nächste Mal, in einer solchen Situation, ändern kann, um ein anderes Ergebnis zu bekommen?«

Und dann lausche ich in mich hinein... so entsteht meine Korrektur, bzw. ein ganz neuer Helden*Plan.

So - genau so - beginnst du, um ein neues Drehbuch für deine Zukunft zu schreiben. Eine Zukunft, die so sein wird, wie du sie haben willst.

8-tung:

* Bewertungen, Selbstkritik und Selbstzweifel sind ab sofort tabu!

* Du bist zu jeder Zeit perfekt, ganz genau so, wie du bist!

* Wenn du andere Ergebnisse willst, dann ändere etwas, erstelle dir einen Helden-Plan!

* Bewusste Veränderungen sind viel leichter zu meistern als von äußeren Umständen überrascht und herausgefordert zu werden!

* Ergebnisse anzuschauen, die sich nicht gut anfühlen, ist wichtig. Ich erkenne dann: Gedanken erzeugen Gefühle, Gefühle erzeugen Handlungen und diese führen zu Ergebnissen. Also schaue dir deine Gedanken an.

* Dein jetziges Denken, Fühlen und Handeln bestimmt deine Zukunft!

* Du bist der Chef und Regisseur deines Lebens!

Für mich ist es wichtig, nochmals bewusst zu machen, das unser Verstand, ein Werkzeug zum Begreifen ist, du selbst aber nicht der Verstand bist. Du bist *Seele*, die die Erfahrung Mensch-Sein auf der Erde macht.

Die zwölf Stationen der Heldenreise

Jeder Veränderungsprozess besteht aus drei zentralen Bereichen, die gemeistert werden wollen.
Diese drei Bereiche beinhalten folgende Aufgaben und Herausforderungen:

1.) Aufbruch - 2.) Transformation - 3.) Integration

Das bedeutet:

An jedem Übergang, auch Portale genannt, findest du Menschen, die dich vor große Herausforderungen stellen.

Bist du mutig genug dich ihnen zu stellen?

Diese Menschen übernehmen eine Rolle. Sie nennen sich Schwellen - und Drachenwächter. Ihre genauen Aufgaben erkläre ich dir bei den jeweiligen Portalen. Die Drachen sind Hüter des Schatzes, den du auf deiner Heldenreise gewinnen kannst. Es ist also dein Geschenk, das du erhältst, weil du mutig genug bist, dich einer Veränderung in deinem Leben zu stellen.

Vorausgesetzt, die Veränderung hat etwas mit dir und deinem Selbst zu tun, wird Mut immer reichlich belohnt. Immer, das ist ein universelles Versprechen, das uns gegeben wurde. Du kannst also gar nichts wirklich verlieren, denn alles dient dir ausschließlich zum Wachsen.

Manches Mal könnte es dir so vorkommen, als hättest du vereinzelte Passagen schon einmal gelesen. Dies liegt einfach daran, dass bestimmte Themen (wie z.B. die Fluchtgedanken vor den Portalen) sich auf der Reise wiederholen. Doch da ich möchte, dass jeder sich auf diesen Prozess gut vorbereiten und einlassen kann, beschreibe ich ihn genauso, wie er ist.

Anfang und Ende zugleich

Im ersten Step der Reise geht es um deine Entscheidung. Die Entscheidung zum Handeln. Etwas Anderes, Neues in dein Leben zu lassen.

Manchmal werden wir auch überrascht und die Entscheidung wird uns abgenommen. Das bedeutet: Wir müssen diese Reise antreten und uns ggf. verändern, ob wir wollen oder nicht.

Die Reise beginnt in der gewohnten und gemütlichen Welt. Du kennst dich gut aus, fühlst dich sicher, hast dich an dein Leben gewöhnt. Hier passiert nicht viel. Vielleicht ist es sogar auch recht langweilig. Alles regelt sich nach gewohnten Abläufen. Mit den gleichen Menschen. Alles passt, oder auch nicht.

Wenn alles soweit für dich in Ordnung ist und du »eigentlich« zufrieden bist oder dich damit, was du hast und bist, zufrieden gibst, dann kommt meist die Entscheidung von höherer Ebene. Denn du selbst siehst keinen Anlass dafür, dass du etwas änderst in deinem Leben.

So geht das übrigens oft, auch mir ist es so gegangen. Wer immer stets alles in einer alten Gewohnheit lassen möchte und so das große Ziel, das sich seine Seele gesetzt hat, nicht erreicht, dem wird nachgeholfen.

Das ist dann wahrhaftig »schicksalshaft«.

Da kannst du dann nichts dran ändern. Es ist jedoch genauso, wie du es brauchst, um perfekt weiter wachsen zu können. Deinem großen Seelenziel direkt entgegen. Das ist dann der Augenblick, an dem es dir, egal was du dir wünschst und manifestierst, einfach nicht gelingen mag.

Dein Seelenbewusstsein (dein Höheres Selbst also) hat die größte und höchste Macht. Das vergessen oder übersehen wir gern, wenn wir etwas unbedingt haben wollen. Dieser Wunsch will sich einfach (noch) nicht erfüllen.

Oft zweifeln wir dann an uns selbst. Wir suchen nach dem Leck oder dem Fehler, warum es uns nicht gelingt. Selbstzweifel machen sich hier bemerkbar, und du fragst dich: „Vielleicht bin ich doch nicht gut genug darin?" ... und: „Was mach ich denn falsch?“... „Kann ich das denn überhaupt?" ... oder: „Ist das womöglich doch alles ein Hirngespinst?“

Weit gefehlt Du manifestierst IMMER. Wir alle, ob wir uns darüber bewusst sind oder auch nicht.

JEDER erschafft sich sein Leben!

Die einzige Führung ist, was du dir im Vorfeld - mit deiner Entscheidung, ein irdisches Leben als Mensch zu vollbringen, - als Plan gesetzt hast. Dieser große Helden*Plan ist fix. Der höchste, den du dir als Lebensziel gesetzt hast.

Alle weiteren Entscheidungen sind dem untergeordnet.

Solltest du dir - z.B. - ein Leben in Armut in deinen höchsten Plan geschrieben haben, dann kannst du dich auf den Kopf stellen, Reichtum wird dir hier nicht automatisch zufließen.

Wobei das in deinem Fall nicht zutreffen wird, denn, wenn du diese Zeilen hier liest, bist du bereits in einem höheren Bewusstsein angekommen, so dass das Thema „Armut" - das zur Grunderfahrung einer jeden Seele gehört - schon lange durch ist. Was aber durchaus ein Thema sein könnte ist: Eine Entwicklung aus eigener Kraft und Antrieb heraus, von der Armut in den Wohlstand. Das wäre durchaus denkbar, auch in dieser Bewusstseinsebene.

Jede Bewusstseinsebene hat ihre eigenen Erfahrungen, ihre eigenen Herausforderungen, ihre eigenen Themen. Wachstum ist IMMER das höchste Ziel. Wenn du dir ein Leben gewählt hast, das »Easy Peasy Chilling« als großes Ziel hat, dann gibt es auch wirklich keine großen Bewegungen in deinem Leben.

Du weißt sicher, dass du „der Chef" und der „Regisseur" deines Lebens bist und du weißt auch, dass du jederzeit deinen Plan hier auch wieder ändern kannst. Die großen Seelenprogramme gehen dann aber durch eine Prüfung. Du musst tatsächlich erst einen Antrag einreichen.

Da du aber dieses Buch liest, gehörst du eher nicht zu den »Chillings«, sondern zu den Menschen, die »Wachstum« - »Entwicklung« - »Erlösung« - »Erneuerung« - »Neubeginn« -»Lebensglück« - »Lebensfreude« - »Liebe« - »Glückseligkeit« und/oder

»Freiheit« in ihrem Plan stehen haben. Und diese dürfen (oder müssen) viele Veränderungen und Wandlungen erleben, sowie zu Bewusstsein und Erkenntnissen gelangen. So wie ich eben auch. Und da ich durch unzählige solcher Transformationszyklen laut meiner Bestimmung gehen musste, erkannte ich das System dahinter, das ich dir hier aufzeige, ebenso wie die Lösung dazu :)

Du kannst also innerhalb deines großen Plans, welchen du dir als Seelenlicht festgeschrieben hast, (fast) ALLES manifestieren, was du leben willst. In diesem Lebens-Erfahrungs-Bereich geht es nun darum, über dich selbst hinauszuwachsen, Grenzen zu sprengen und ganz DU SELBST zu sein. Ohne Begrenzungen von außen oder durch deine Mitmenschen. Du hast dich ursprünglich auf deinen Seelenweg begeben, auf dem alles für dich möglich ist. Und wenn ich sage alles, dann meine ich auch alles.

Geht nicht, gibt's nicht!

Erkenne, dass du alles schaffen kannst, alleine durch deinen Willen und deine Kraft. Du kannst Berge versetzen, auch wenn alle anderen der Meinung sind, dass etwas nicht geht. Für sie geht es wahrscheinlich wirklich nicht, doch für dich gilt das einfach nicht. Außer du glaubst das, dann ist es wieder was Anderes. Deine Gedanken und Gefühle sind das, was zählt. Hältst du es also für möglich, hat die Meinung der anderen keinen Einfluss auf dich.

Du entscheidest - du bist der Chef deines Lebens!

1 - Reisebeginn - Alltag

Der Alltag besteht aus routinemäßigen Abläufen. Jeden Tag, „alltäglich“ also, gehen wir zur Arbeit, leben unsere Konsumgewohnheiten aus, haben Freizeit. Und nicht zuletzt schlafen wir, ungefähr die gleiche Zeit lang. Jeden Tag wiederholt sich der fast immer gleiche Ablauf, und es gibt Zeiten, die sich häufen, je älter wir werden, in denen wir mit Verwunderung feststellen, dass schon wieder so viel Zeit vergangen ist. Wir haben das Gefühl, dass das Leben bei all dem Alltag an uns vorüberzieht. Wir alle aber beherrschen die Kunst des Handelns, die besagt, dass wir die Routinen unseres Alltags verändern können. In unseren tagtäglichen Routinen sind wir in einem gewissen Maße unfrei. Da sind z.B. die Kinder und die Schulpflicht, die Arbeit, die genau zu einer bestimmten Zeit erledigt sein muss, usw. Dies sind gewisse Einschränkungen, die wir nicht einfach so, wie es uns gefällt, verändern können.

Aber wir haben die Freiheit, uns aus diesem Kontext zu lösen. Einfach mal »Stopp« zu sagen und die verstreichende Alltagszeit anzuhalten. Wir können über unseren Lebensweg bewusst entscheiden, aber dafür müssen wir einen Keil in dieses Räderwerk namens Alltag klemmen.

Dafür braucht es von uns einen Entschluss, eine Entscheidung. Wir müssen uns selbst uns zuwenden wollen.

Das heißt nichts anderes, als dass wir uns bewusst sein müssen, dass es diese Möglichkeit überhaupt gibt. Ohne das Wissen, dass wir unsere Zukunft selbst in der Hand haben, sie selbst in die Hand nehmen und gestalten können, bleiben wir in unserem Alltagstrott verhaftet.

Diese bewusste Situation herzustellen, kann das Helden-Coaching leisten. Die Helden können aus ihren alltäglichen Fesseln schlüpfen und sich bewusst sich selbst zuwenden, um den Ruf, der in jedem schlummert, zu wecken und ihm Gehör zu verschaffen.

Der Philosoph Friedrich Nietzsche schrieb:

»Man muss noch Chaos in sich haben,
um einen tanzenden Stern gebären zu können«

Meine Lösung hierzu ist die Heldenreise.

Der Held verlässt sein normales, gewohntes Leben, er gibt dem »Chaos« in sich den Raum, den es sonst nicht hat. Der Ausgang ist offen. Oft kommt es zur Reaktivierung der kreativen, schöpferischen Kraft, die wir alle haben, die aber in den meisten Fällen - warum auch immer - irgendwann verschüttet worden ist. Vielleicht entstehen neue Motivationen, wo vorher Stress, Zweifel und Ziellosigkeit das Zepter fest in der Hand hatten. Und manchmal geschieht etwas ganz und gar Unerwartetes, etwas, das man nicht vorhersehen konnte und das ohne Beispiel ist und bleibt.

Was tun, wenn der Stress zu groß wird?

Was ich bei mega Stress mache ist:

Ich verlasse (gedanklich) die Bühne und setze mich in den Zuschauerraum, von dort schau ich mir die Situation(en) - als Zuschauerin - an.

Denn mit diesem Abstand lass ich mich emotional nicht so verwickeln, kann so viel besser bei mir bleiben und bin folglich gelassener und objektiver.

Das funktioniert. Ganz wunderbar sogar!

Auch wenn mich so mancher dann mit zweifelndem Blick ansieht, als glaube er nicht, dass ich von dieser Welt bin :)

Doch Dramen werden so manchmal sogar zum Lustspiel (klappt meistens prima… ;)

Mein Motto: Mach es einfach!

Nehme dich aus dem Chaos im Außen gedanklich heraus (auch wenn du mittendrin stehst) und betrachte von Weitem - aus der Vogelperspektive - was dir hier, auf dieser Bühne, geboten wird.

Manchmal geht das besser, wenn du dich hierfür zurückziehst oder du ungestört bist, um die Situation nochmals in Gedanken zu reflektieren.

Doch schau es dir an:

Gefällt dir das Spiel, dann lass alles weiter laufen... gefällt dir was nicht, ändere etwas.

Wenn es mit dem freiwilligen Verändern nicht klappt, gibt es einen Weckruf.

Jeder von uns kennt ihn. Und manche brauchen auch erst diesen Weckruf, bevor sie sich überhaupt bewegen.

Erst kommt er leise... wird dann aber immer lauter. Vergleichbar mit einem Wecker, den man ignorieren will. Manche von uns brauchen auch einen mega lauten Weckruf, um wachgerüttelt zu werden!

Manchmal ist es ein schwerer Schicksalsschlag aber es kann auch ein Bewusstseinswandel sein!

Die gute Nachricht ist: Man kann es lernen den Weckruf zu hören, bevor er sich als Schicksalsschlag manifestiert!

2 - Der Ruf wird laut

Ich kenne diese Phase gut.

Wenn etwas nicht passt, dann kommt eine Unzufriedenheit in einem hoch. Oder eine Sehnsucht macht sich in dir breit. Die kann mega, mega groß werden. Es zeigt sich ein Mangel und dir geht es einfach nicht gut. Dieser plagt dich dann so lange, bis du zum Handeln bereit bist. Dieser Druck, der sich in Kummer, Sorgen, Traurigkeit äußern kann, zwingt dich dann praktisch dazu, deine gewohnte Welt zu verlassen.

Was passiert aber, wenn wir diesen Ruf ignorieren oder ihn unterdrücken?

Veränderungen, die sich körperlich, seelisch oder geistig ihren Weg suchen müssen, können sehr unangenehm werden. Es ist ein Phänomen, was unser Wunderwerk »Körper« alles kompensiert, bis wir endlich begreifen, dass mitunter Symptome mit uns sprechen und verstanden werden wollen. Sich auf diese Zeichen einzulassen - auf den Körper und seine Sprache einzulassen - ist hier eine ganz wundervolle Möglichkeit, dieses Warnsignal doch noch wahrzunehmen, der schon lange versucht, sich Gehör zu verschaffen.

Hinter körperlichen Symptomen steht sehr häufig der ungehörte Ruf nach einer Veränderung.

Wenn dieses Wecksignal in dir erklingt, oder an dich herangetragen wird, ist der natürliche Reflex eine »Weigerung« (nächste Stufe der Heldenreise). Deswegen ist es schwer, diese Zeichen überhaupt als wichtig wahrzunehmen. Es erfordert eine Verbindung zu deiner inneren Stimme, die jeder in sich trägt. Unsere Intuition wahrzunehmen und dem inneren Ruf zu folgen, gehört zu jeder inneren Reise dazu. Oft deshalb ignoriert, weil die gesamte Ordnung, die komplette gewohnte Welt auf dem Spiel steht.

Mach doch mal einen Check up:

* **Wie sieht im Moment dein Leben aus?**

* **Bist du zufrieden? Erfüllt? Wunschlos glücklich?**

Spätestens jetzt wird deutlich, dass eine Veränderung ansteht. Und - wie wir bereits wissen - mögen die wenigsten Menschen Veränderungen. Sie haben sogar oft Angst davor.

Perspektivenwechsel

Doch wenn dies von der mystischen Seite aus betrachtet wird, können wir es auch so sehen:

In allen ersten Schritten liegt ein besonderes Gefühl, der Zauber des Anfangs.

Dieser Zauber ist ein herrlicher Wind unter den Flügeln, der einen fast mühelos bis zur ersten großen Krise trägt.

Wenn ich mir die Lebensmodelle alle betrachte und die Veränderungsphasen dazu, dann habe ich den Eindruck, dass es auf allen Lebens-Wegen zwei wirklich große Krisen mit grundlegenden Herausforderungen gibt, in denen ein großer, grundlegender Umbruch stattfindet.

Die erste nach dem Aufbruch (**Schwelle mit den Schwellenwächtern)** und die letzte kurz vor dem Ziel **(Drachenwächter hüten den Schatz)**

Es ist so, als ob wir **zweimal** gründlich gefragt werden:

* Willst du das wirklich?

* Ist das der Weg, den du gehen willst?

* Ist es dir den Preis wert?

* Ist das das Ziel, das du wirklich erreichen willst?

Gernot Candolini beschreibt in seinen Texten exakt einen klassischen Veränderungsprozess, eine Heldenreise. Denn die mutigen Helden und Heldinnen gehen ihre Veränderungen bewusst und somit um so vieles leichter und schneller.

Ein JA zum Leben ist ein JA zu mir...
und ein JA zu mir ist
eine grundlegende Entscheidung!

3 - Weigerung möglich

An diesem Punkt angekommen kann es sein, dass du zögerst, oder eine Angst in dir hochsteigt. Es ist eine Weigerung aufgrund von Unsicherheit, die dich immer wieder einen Schritt vor und zwei Schritte zurückgehen lässt. Doch der Ruf wird immer lauter und lauter, bis letztendlich der Wunsch nach Veränderung größer ist, als die Angst vor dem Unbekannten.

Jedes Zögern wird sichtbar. Der Appell nach Veränderung, bzw. zum Aufbruch ins neue Abenteuer, wird mit Angst vor dem Neuen und einem Rückzug empfangen. Manchmal sind es sogar mehrere Rückzüge. Ein Verkriechen oder ein Verstecken und »Unsichtbar-Machen-Wollen« kann es auch sein. Es kommt dir dann doch wieder zu schwierig oder zu verrückt vor. Diese Zerrissenheit wird so lange in dir sein, bis doch der Wunsch letztlich über die Angst siegt.

Ja, ja. Das kenn ich gut aus eigener Erfahrung. Den Ruf hören zu können ist eine Sache, ihm zu folgen eine andere. Früher dauerten diese Phasen (1-3) deutlich länger als heute. Bei mir waren das in der Regel 2 Jahre, bis es dann endlich so weit war und ich den Mut zur Umsetzung fand. Ich spreche von den großen Wandlungen, die lebensverändernd waren und sind. Die kleineren gingen und gehen natürlich sehr viel schneller.

Mut ist etwas, was man lernen kann

Check doch mal deine *Mut-Liste*, auf der du alles aufschreibst, was dir einfällt, für was du Mut brauchst. Dann nimm dir 2-3 Sachen, die auf der Liste stehen, heraus und führe sie aus. Ich weiß, dass dies nicht immer einfach ist. Vielleicht ist es ein Telefonat mit deiner Mutter, die du schon lange nicht mehr gesprochen hast. Oder eine Reise, ein altes Versprechen oder ein klärendes Gespräch, dass du schon lange vor dir hergeschoben hast. Was immer es ist, wofür du jetzt Mut aufbringen musst, wisse, dass es nicht unbedingt schwer sein muss. Es darf auch leicht gehen, vielleicht ist es sogar viel einfacher, als du zuerst dachtest.

Aus diesem Grund ist das Kügelchen **Helden*Mut** entstanden ;) Damit kommst du deutlich schneller durch diese Phase.

Denn wer will denn länger als nötig warten, bis er sich endlich auf den Weg macht, um seine Bestimmung oder sein Lebensglück finden und genießen zu können? Bestimmt keiner. Braucht heute auch keiner mehr. Denn schon alleine, dass du diese Zeilen liest, ist Beschleunigung pur. Einmal Zeitmaschine auf Ziel und los geht's. Was uns hier halt oft fehlt ist der Mut. Aber wie gesagt, in der heutigen Zeit geht es sehr viel schneller und leichter noch dazu. Schließlich bist du auf dieser Welt, um dein Leben zu genießen und nicht deshalb, um länger nur zu funktionieren und es anderen recht zu machen. Oder dafür zu sorgen, dass SIE glücklich sind. Nein, nein! Deshalb bist du bestimmt nicht hier!

Jetzt geht es um dich.
Um dich und dein Leben, das du leben darfst.
Genauso, wie du es willst!

Was hält dich denn noch davon ab, dein Leben frei und glücklich zu leben?

Oft entspringt diese Zögerlichkeit aus einem Sicherheitsbedürfnis, Zweifel und Einwände klopfen an, nagen an uns und halten uns oft auch zurück. Die Angst vor der Veränderung drängt sich zwischen uns und dem Ruf, der nun nicht mehr zu überhören ist.

... Es läuft doch alles irgendwie ganz gut, warum sich auf ein Wagnis einlassen?

Und wenn dich die Krise fest im Griff hat, macht sich Unsicherheit breit, die dir suggeriert, dass du ja schließlich nicht sicher weißt, ob dieser Ruf echt ist, oder er dir auch den richtigen Weg weist...

Und überhaupt, dir geht es doch ganz gut... Warum beschwerst du dich denn?... Sei doch einfach mal zufrieden mit dem, was du hast!... Was bist du doch auch für ein undankbares Geschöpf?... Anderen geht es doch noch viel schlechter...

Kennst du diese Stimme?

Das ist die Stimme des Zweiflers und des Saboteurs in dir.

Manchmal verwechseln wir sie gerne mit der Stimme, die Intuition genannt wird, da die beiden „Geschwister“ sind. ☺

Wenn eine Stimme sagt: „Ja, leb dein Leben, sei mutig und glücklich“. Und die andere ruft: „Ja, aber... Wer weiß schon, ob das der richtige Weg ist?... Der will doch nur, dass ich den graden Fluss verlasse und einen unerforschten Nebenfluss durch den Dschungel nehme, von dem man genau weiß, dass dort unbeherrschbare Stromschnellen und gefährliche Untiefen lauern... „Finger weg“ oder „viel zu unsicher“...

„Schuster bleib bei deinen Leisten“ sag ich da nur... Lieber auf den angelegten Wegen untergehen, als sich tollkühn der Ungewissheit und möglicher Gefahr anzuvertrauen.“

Das ist sie, die Stimme, die dich zurückhalten möchte!

Die Vermeidung ist also eine ganz natürliche Reaktion auf die Unsicherheit, die entsteht, wenn wir vertraute Pfade verlassen.

Doch ich kann dich beruhigen, kaum einer ist immer und bedingungslos ein Ritter ohne Furcht und Tadel. ☺

Wir alle kennen diese Phase. Sie gehört einfach mit zu dem Prozess. Und Veränderungen gehören mit zum Leben. Je nachdem, wie oft du einen solchen Weg schon gegangen bist, desto einfacher und mutiger schreitest du voran. Deine Unsicherheiten schwinden, von mal zu mal wirst du sicherer und auch mutiger, da du irgendwann weißt, dass du immer mehr deiner inneren Stimme - also dir selbst - vertrauen kannst. Deine Intuition ist verbunden mit dem großen Plan - deinem Seelenplan - und sendet dir dementsprechende Signale. Ihr kannst du vertrauen, denn ihr beide seid EIN TEAM!

Die Stimme der Intuition ist immer die, die positiv gestimmt, lebensbejahend und ermutigend mit dir spricht.

Wie gesagt, mit der Reife - die von Veränderung zu Veränderung deutlich wächst - kommt ganz automatisch die Sicherheit, sowie auch die Leichtigkeit und das Selbstvertrauen.

Ich mache diese Phase zwischenzeitlich innerhalb kürzester Zeit, da mein ganzes Leben mich stets zu Veränderungen aufgefordert oder manchmal auch gezwungen hat. Ich kenne mich also schon aus, bin daran gewöhnt und weiß inzwischen, dass ich mich darauf garantiert verlassen kann, dass diese Phase endet und ich es selbst lenken kann. So wurde ich zu der Transformations-Expertin, die ich heute bin. Und auch jetzt noch gibt es immer wieder große Wandlungen in meinem Leben. Halt immer im nächst höheren Level. Es geht immer tiefer und tiefer.

Kein Wunder, verfolge ich doch das Ziel, die ganzen Geheimnisse des Lebens zu knacken. Ich will es nicht nur wissen, sondern alles - wirklich alles - umsetzen. Leben. Wirklich leben! Wissen und Weisheit vereint ist das wahre Leben! Wie funktioniert himmlisches, glückliches, gesundes Leben? Vieles weiß und lebe ich hiervon schon, doch ich weiß auch, dass da noch viel mehr geht!

Wie verwandle ich Wasser in Wein? Wie kann ich übers Wasser gehen?... Zeitreise... Jungbrunnen... Wie lenke ich die passenden Energien am besten und geschicktesten? Was hat das Leben noch alles zu bieten? Magic ... Was ist alles möglich? Was weiß ich schon und was ist mir noch nicht bewusst... Ich will alles wissen und gleichzeitig auch umsetzen.

Meine Vision:

Das Spiel des Lebens entschlüsseln.

Multidimensional. Himmlisch. Einzigartig schön.

... und das möglichst für alle. Nicht nur für mich - nein! Für ALLE soll dies wieder möglich sein. Ich bin überzeugt davon, dass wir dies tief in uns haben. Dieses Wissen gehört zu unserem tiefsten, göttlichen Kern. Wir haben es nur vergessen und nun ist die Zeit, in der alles wieder an die Oberfläche kommen kann.

Entscheidung

Der Konflikt zwischen dem Impuls, in die Ungewissheit aufzubrechen, und der Mahnung, sich nicht in die Gefahr zu begeben, ist eine entscheidende Klippe. Aber wenn die beiden Geschwisterstimmen in dir sich streiten, ist der erste Schritt schon getan. In dir arbeitet es. Das Für und Wider wird abgewogen und genauestens geprüft. Der verwegene Held in dir will los? Das zurückhaltende Boykottier mahnt noch zur Einsicht. Du rufst: »Ich setze die Segel, lass mich schauen, woher der Wind bläst« und Mr. oder Mrs. Stop erinnert dich an all die schönen, gemütlichen Dinge, die du zurücklässt. Oder die du gar aufs Spiel setzt mit diesen Flausen, die du da im Kopf hast. Oft begegnen dir dann auch solche Leute in deinem wahren Leben - wie innen so außen (du weißt ja :)

Diese Leute sprechen dann auch noch genau diese Bedenken laut aus. Deine innere Gedankenwelt wird dir grundsätzlich im Außen begegnen, das ist ein universelles Gesetz. Von wegen: „Ich hab's ja gleich gewusst (und schon vorher so gedacht)." Ja, ja, es könnte auch deine eigene Falle sein, in die du da tappst.

Und das geht noch weiter. Drum mach dir bewusst:

Es spricht überhaupt nichts dagegen, sich Rat bei anderen zu holen. Doch sei dir dabei stets im Klaren, dass

* diese Ratgebenden meist nicht neutral sind und sich ihre eigenen Themen dort vermischen!

* sie aus persönlicher, subjektiver Sicht, Bewusstsein, Glaubenssätzen, Prägungen und Erfahrungen heraus sprechen!

* dein Gegenüber immer auch deine unsichere Schwingung aufnehmen wird und es deshalb auch die geben wird, die dir deine positiven Gedanken dazu bestärken, sowie es jene geben wird, die dir deine unsicheren, zweifelnden Gedanken bestätigen werden. - Immer!

Darum ist es auch unerlässlich, dass du dir klar darüber bist,

WAS DU WILLST!

Spätestens jetzt ist der Zeitpunkt gekommen, dir Gedanken darüber zu machen, was du wirklich willst.

WAS willst du genau für dich und dein Leben, und WARUM willst du es?

Was uns hier, an diesem Punkt - wenn es sich um sehr große, lebensverändernde Entscheidungen handelt - noch zurückhält ist, dass wir mitunter vieles aufs Spiel setzen. Wir wollen etwas Anderes leben als bisher.

Du spürst, das ist nicht das Leben, das du dir wünschst.

Du spürst schon lange diese Sehnsucht in dir und hast ganz tief in dir die Gewissheit, dass die Zeit reif ist. Du weißt, es gibt da noch mehr, was du leben willst. Nicht nur in deinen Träumen, sondern auch real. Im wirklichen, realen Leben. Und vor allem möchtest du nun endlich dein eigenes Leben leben und es in vollen Zügen genießen.

Meinen größten Sprung machte ich persönlich damals aufgrund meines Kinderwunsches, der sich nicht erfüllen wollte.

Heute habe ich vier Kinder, falls dich das Ergebnis interessiert :) Doch ich sag dir: Hätte ich mich damals nicht mutig auf den Weg gemacht, hätte ich dieses mega Ziel niemals erreicht. Alles sprach dagegen, wirklich alles, doch ich wollte es, unbedingt. Der Ruf wurde extrem laut, die Sehnsucht nach Erfüllung ließ mich nicht mehr ruhen. So nahm ich jede Hürde, räumte jegliche Hindernisse, Gewächse, Wucherungen aus dem Weg. Die Fähigkeiten von Durchsetzungskraft und Ausdauer wurden extrem trainiert, Geduld ebenso. Von Empfangen (annehmen können) und Hingabe (loslassen und sich fallen lassen) ganz zu schweigen. Weiblichkeit war schon immer mein Thema, hier forderte sie mich in meinem tiefsten Sehnsuchtsschmerz heraus.

Sehnsucht kann also ein enormes Kraftpotential in uns freisetzen. Und dass der Wille Berge versetzt, DAS kann ich dir mit 1000% Sicherheit sagen!

Es erforderte von mir jede Menge Mut. Und es kostete mich tatsächlich viel. Sehr viel. Es kostete mich mein bis dahin gelebtes Leben.

Seinen eigenen Weg zu gehen, bedeutet oft auch, sich von seinen alten Freunden, seiner vertrauten Umgebung, oder sogar von seiner Familie abzuwenden. Niemals hätte ich dies für möglich gehalten und ganz bestimmt wollte ich das nicht. Ich bin ein tieffühlender Familienmensch. Dennoch kam es so... und obwohl ich wusste, dass es der richtige Weg war, brach mein Herz.

Es war mein Weg. Es ist mein Glück. Ich selbst bin hierfür verantwortlich. Wäre ich geblieben und hätte ich weiterhin gut funktioniert, wären die anderen zufrieden gewesen, doch ich nicht. Wobei ich sagen muss, dass was meine Herkunftsfamilie unter »Glück« verstand, für mich nicht »wahres Glück« bedeutet.

Sie wussten gar nicht, was glücklich sein ist. Ich selbst wusste es ja lange, lange Zeit auch nicht. Ich ahnte nur, dass dies nicht alles sein kann. Da muss es doch noch mehr geben als das, was hier unter Glück gelebt wird. Ob sie es heute wissen, weiß ich nicht, einige von ihnen weilen zwischenzeitlich auch nicht mehr unter uns.

Kurzum: Es zog mich hinaus, aus der ursprünglichen, familiären Welt, meine eigene Familie rief mich. Und das war mein größter Wunsch, damals mein größtes Glück.

Das war mein *WARUM*.
Ich wollte glücklich sein!
Wirklich glücklich, meine ich.
So ganz echt glücklich. Tief glücklich.

Somit sind meine Heldenreisen immer Reisen ins Glück. Mein Lebens-Reise-Ziel-Navi ist programmiert auf:

Tiefes Liebesglück und erfüllte Partnerschaft(en)

Hiermit meine ich Partnerschaften jeglicher Art.

Immer tiefer und tiefer reise ich. Ein Schlüssel nach dem anderen kommt hierbei auf mich zu. Den Zentralschlüssel habe ich auch schon gesichtet, doch er verschwand nochmals im Nebel. Seither weiß ich, was bedingungslose Liebe ist. Dieses Gefühl ist unbeschreiblich, als hättest du vom Jungbrunnen genascht. Eine unbeschreiblich wohltuende, reine Liebesquelle fließt geradewegs durch dich durch und hüllt dich ein… Du strahlst nur noch, dein Herz läuft über vor Glückseligkeit. Nichts im außen ist mehr wichtig. Es zählt nur noch das Jetzt … und die Liebe. Diese göttliche Liebesenergie fließt einfach, es gibt keine Grenzen mehr. Du fliegst, alles ist leicht und schön. Die Freude im Herzen ist unbeschreiblich. Hätte ich es nicht selbst gespürt, könnte ich es nicht glauben. Doch es gibt sie, diese Liebesquelle. Sie ist in jedem von uns angelegt. Und wenn sie (wieder) ins fließen kommt, erlebst du das Paradies auf Erden.

Und weil ich es nicht nur weiß, sondern es selbst gespürt und erlebt habe, ist mein nächstes Ziel in meinem Herzen verankert. Ich will diese Liebesquelle immer spüren. Ich will ständig in ihr baden. Hier - in meinem Leben. Nicht irgendwann, wenn ich den Planeten wieder verlassen habe. Nein - Hier und Jetzt, so soll es sein!

Darum weiß ich es gewiss: Es gibt sie… und es lohnt sich dranzubleiben und die Berge zu versetzen, wenn es denn dafür sein muss.

Ganz gleich, wie schwer diese Reisen zu Anfang auch waren, sie liefen immer nach einem bestimmten Prinzip und einem immer gleich ablaufenden Plan ab.

Ich beobachtete, ich reflektierte, ich forschte, ich schrieb mir alles auf. Und so bemerkte ich, dass unsere Lebensreise sich immer nach bestimmten Gesetzen ausrichtet. Universelle Gesetze, die für alle Gültigkeit haben. Ganz gleich, ob man sich darüber bewusst ist oder auch noch nicht. Es gibt Gesetzmäßigkeiten, die nicht in der Schule gelehrt werden. Und es gibt Prinzipien, die immer einem gleichen Muster folgen, so wie bei den Transformations-Themen und den Veränderungsprozessen.

Ich möchte dich an dieser Stelle ermutigen.

Ich weiß es aus eigener Erfahrung, dass der Schritt aus seinem gewohnten Umfeld wirklich ein großer ist, der auch dein komplettes Leben verändern kann. Doch ich kann dir mit Gewissheit sagen, dass sich dieser Mut für dich auszahlen wird!

Erwarte das Schönste,
das Beste
und Prachtvollste,
was du dir vorstellen kannst!

(Und vergiss dann auch nicht, es in Empfang zu nehmen :)

Es ist DEIN Leben - deshalb hast du das Recht, darüber zu bestimmen!

Und vor allem:

Du darfst glücklich sein! Erlaube es dir!

Keiner wird dir diesen Weg abnehmen. Auf diese Reise musst du dich alleine begeben. Doch sei dir gewiss, dass du niemals wirklich alleine sein wirst. Unterstützung ist dir gewiss (sofern du sie annehmen kannst und magst).

Es ist so sicher wie der Heilig Abend immer auf den 24. Dezember fällt: Du hast garantiert IMMER jemanden an deiner Seite, ebenso, wie es immer diejenigen geben wird, die dich von deinem Weg abhalten, aufhalten oder dich ganz von deinem Vorhaben abbringen wollen! Das gehört mit zum Spiel!

Immer - immer - immer sind diese Menschen da - für dich und gegen dich.
Sie gehören zum Veränderungs-Prozess-Team dazu.
Wisse:
Je klarer du bist, desto klarer wird sich dein Weg formen. Der Weg ist das Ziel.

Wenn du bereit bist, kann deine Reise jetzt losgehen.

Und wenn du dir sicher bist, dann tritt genau jetzt, an diesem Punkt (4) jemand in dein Leben, der dich in diesem Prozess begleiten kann und wird.

4 - Der Mentor

In der Mystik nennt man sie »Gandalf« oder »Merlin«, die weisen Magier. Auch in weiblicher Form gibt es die weisen Frauen und »Magic Woman«. Es ist ein ganz bestimmtes Wesen, das dich tief in Herz und Seele berühren kann. Manchmal ist es auch ein Großelternteil oder ein Freund, ein Lehrer, der dir vieles - für die Reise und Weiterentwicklung - richtungsweisend mit auf den Weg geben kann. Du kennst doch bestimmt den Spruch: »Wenn du glaubst, es geht nicht mehr, dann kommt von irgendwo ein Lichtlein her«! Genau das ist er oder sie. Das Lichtlein, dass dir den Weg in der Dunkelheit erleuchtet. Und dir garantiert auch zur Seite steht in dieser Zeit, und noch länger.

Er oder sie löst etwas in dir aus, bereitet dich auf etwas vor und ist eine stabile Unterstützung für dich, eine sichere Begleitung. Auf dieses Wesen, auf diese Person, kannst du dich 1000 % verlassen. Sie steht dir ganz treu zur Seite, ganz gleich was kommt. Er oder sie hat auch immer einen guten, weisen Rat für dich. Du darfst dich auch trauen, ihn oder sie zu kontaktieren und zu fragen. Du darfst die Hilfe und Unterstützung immer annehmen. Tust du dies nicht, ist es deine freie Entscheidung.

Und wenn du in dieser speziellen Lernphase bist, in der du noch keine Hilfe annehmen kannst, dann darfst du es mit ihm oder ihr ÜBEN :)

Wichtig für dich zu wissen ist: Es gibt keine Ausnahmen. Dieses Wesen, diese Person gibt es in JEDEM Veränderungsprozess, wirklich in jedem. Ebenso wie es in jedem auch die Schwellenwächter und den scheinbar »bösen« Drachen gibt. Darauf kannst du dich verlassen.

Beobachte mal die Situationen und Menschen um dich herum. Wenn du willst, erkennst du die Rollen, die sie spielen. Mit ein wenig Übung geht das ganz leicht. Ich liebe es, dieses Schauspiel zu durchschauen.

Wenn du den Mentor gefunden hast, dann weißt du, dass du direkt vorm Eingang des 2. Portals bist. Du stehst praktisch auf der Schwelle und darfst dich, wenn du bereit dazu bist, aufmachen, um ins nächste Level einzutreten.

8-tung:

Merke dir:

* Du kannst jederzeit zu deinem Mentor gehen.

* Du kannst ihn immer um Rat fragen.

* Er ist garantiert mindestens solange an deiner Seite, bis du dein Ziel erreicht hast.

Die Aufgabe des Mentors ist es, dich zu bestärken, dich zu informieren, dich zu lehren, was alles auf dieser Reise für dich nützlich ist. Auch stellt er dir Hilfsmittel und Werkzeuge zur Verfügung, die du nach dem Schwellenübertritt gut gebrauchen kannst.

Wie findest du deinen Mentor?

Meistens findet „er" dich, um dir die letzte Sicherheit zu geben, dass jetzt der richtige Zeitpunkt zum Losgehen ist.

Wenn du dich mit ihm verbinden möchtest, könntest du mit ihm Kontakt aufnehmen. Mental geht das auch, falls du noch niemanden im Blick hast.

Höre auf deine innere, intuitive Stimme, denn von Herz zu Herz werden sie dir die Antworten senden.

Übung macht den Meister :)

Was der Mentor und weise Magier ebenfalls in seinem Magic Zauberschrank für dich bereit hält sind Hilfsmittel und Werkzeuge, Wissen und Weisheiten, ebenso wie spezielle radionisch informierte Kügelchen und diverse Sprays zur Unterstützung, damit es für dich leichter wird, durch den Prozess zu kommen. So gibt es z.B. das

Helden*Balsam bei alten tiefen Verletzungen, als Trostspender. Und zur Stärkung die **Helden*Balance** sowie den **Helden*Mut**, falls der Mut zum Weitergehen oder zur Umsetzung fehlt.

Mehr dazu gibt es im Kapitel »Helden*Schatz«.

Bei den Ölen (ich gönne mir die hochwertigen von Young Living) wären es z.B. die Mischungen:

* Journey on - Reise weiter (Mut, Vertrauen, Antriebskraft)

* Release - Eröffnung (offen sein für Neues)

* Transformation - (weg mit all dem, was dich hindert)

… und mit der Universalhilfe von Panaway (Arnika) liegt man immer richtig

An der Schwelle zum 2. Portal

Stell dir vor: DU - die Heldin oder der Held - stehst jetzt an der Schwelle, schaust hinüber und kannst schon erahnen, dass es dort drüben anders ist als hier, wo du jetzt gerade noch bist.

Unsicher bist du schon noch, weil du nicht weißt, was kommen wird. Es wäre ein Schritt ins ungewisse Abenteuerland, wie in eine neue Welt. Lange Zeit hast du nun alles theoretisch im Kopf hin und her überlegt, hast Pläne geschmiedet, hast dich vielleicht auch von deinem Mentor oder deinen Mentoren vorbereiten und schulen lassen.

Nachdem du die Entscheidung für dich und deinen Weg getroffen hast, müssen jetzt Taten folgen. Es geht um den berühmten ersten Schritt.

Der Mentor - weiblicher oder männlicher Art - hat, anders als der Held oder die Heldin, einen gewissen Abstand zum Abenteuer. Während du also oft direkt am Geschehen klebst und du damit auch emotional mitten drin bist, überblickt der Mentor deine Situation und deine Reise sozusagen aus der Vogelperspektive. Er schaut gewissermaßen aus einer anderen Dimension oder einer anderen Zeitebene. Der Mentor hat oft diese Erfahrung im Vorfeld selbst schon erlebt und weiß, was zu tun ist. Er überblickt hier einiges und lässt sich auch nicht täuschen.

Wer auch immer als dein Berater, Beschützer und »Anschieber« agiert, es geht hier vor allem darum, dass Unterstützung da ist und es deine Entscheidung braucht, sie auch anzunehmen.

Denn rüber, über die Schwelle ins andere Land, kommst du nicht so leicht. Hier warten die Schwellenwächter.

Sie werden alles daransetzen, dich am Übergang zu hindern... frei nach dem Motto: „Du kommst hier nicht rein".

Wie du bereits weißt, beginnt jedoch, sobald du über die Schwelle gegangen bist, die Transformationsphase. Transformation ist Wandlung. Alles darf sich wandeln, was dich von deinem Ziel noch fernhält.

5 - Die Schwellenwächter

Die Schwellenwächter sind manchmal sehr extrem unterwegs. Sie setzen alles daran und sie sind oftmals sogar richtig gemein und hinterhältig, je nachdem, wie deine generelle Grundhaltung und dein jetziges Mindset aussehen.

Und es kommt natürlich auf dein Thema an sich und die Art deiner Veränderung an. Also, in welcher Energie befindest du dich selbst? Ich habe Heldinnen hier, die sind sehr, sehr gefordert mit ihren Schwellenwächtern. Teilweise wirklich auf übelste Art und Weise. Doch wer das System und das Spiel dahinter mal verstanden hat, kann sie auch bewusst ausschalten oder unschädlich machen.

Du brauchst jetzt also wirklich viel Mut und wirst auf Herz und Nieren geprüft, ob du diese Veränderung auch wirklich möchtest. Wenn du jetzt kein gutes *WARUM* (warum will ich das-Antwort) für dich hast, kann es sein, dass du wieder zurückkehrst und deine Reise verschiebst. In diesem Fall freuen sich deine Schwellenwächter, denn der Punkt ging an sie. Sie haben ja den Auftrag, dich vehement davon abzuhalten, dass du weitergehst und dein Ziel erreichst.

Überleg dir also gut, warum du eine Veränderung willst. Deine Absicht muss so klar und stark sein, dass du den Wächtern, denen alle Mittel recht sind, damit sie dieses Spiel gewinnen, widerstehen kannst. Oder ihnen die Meinung geigst und für dich selbst und deine Wünsche, Träume und Ziele einstehst … Was auch immer dein Thema ist.

Tipp: Je klarer du bist, je weniger Macht haben diese Wächter!

Auf jeden Fall ist eines klar: Du bist bereits bis hierhergekommen, nun geht es los. Voller Zuversicht bist du bereit, deine Reise anzutreten. Die Koffer sind gepackt, ob du mit Übergepäck reist, wird sich im Laufe der Transformationsphase zeigen. Denn hier geht es ans Eingemachte. Deine Verzögerungen waren bisher vielleicht ein Kinderspiel zu dem, was jetzt folgen könnte. Bis jetzt waren es Widerstände durch innere und äußere Rückzüge, Ängste kamen hoch und Blockaden waren eher geistiger Art. Jetzt ist der erste Schritt getan und das Umkehren kein Thema mehr... oder etwa doch???

Kaum bist du über der Schwelle auf der anderen Seite, ruft einer: „Hier kommst du nicht weiter“... oder „geh zurück, du hast hier nichts verloren“. Das könnte ganz schön verwirrend für dich sein, vor allem, wenn du nicht damit gerechnet hast.

Die Schwellenwächter sind die Stolpersteine, die dir im Weg liegen, Hindernisse, die dich bremsen werden. Ein Faktor, der den Beginn der Reise alles andere als einfach macht. Nicht umsonst heißt es: »Aller Anfang ist schwer«. Hier könnte es zutreffen, vor allem, wenn das deine erste Heldenreise ist, und du die erste

Runde drehst. Also, wenn du was völlig Neues beginnst. Dies ist der erste Test.

Was genau ist die Aufgabe eines Schwellenwächters?

Seine Aufgabe ist es, dich abzublocken, dich zurückzuschicken, dich zu verunsichern. Er ist dazu da, deine Euphorie, deinen energetischen Schwung zu bremsen und deine Reise in Frage zu stellen. Es kann jemand aus der neuen Welt, dem neuen Bereich, den du für dich erobern willst, sein. Eine Art *Wachdienst*, ein Zollposten, der etwas von dir verlangt, was du (noch) nicht hast. Oder was du hast und er gerne hätte.

Es kann aber auch jemand aus deiner gewohnten Welt sein. Freunde von dir, oder ein Lehrer, Vorgesetzter. Auch die Eltern sind möglich. Deine Mutter oder Freundin, die dir zum Beispiel, sorgenvoll gefolgt ist und versucht, dich zurück zu holen. Weinend, weil sie die Reise für zu gefährlich hält oder aber sie hat Angst, dich zu verlieren, wenn du gehst. Der Vater kann das natürlich auch sein, oder die Großeltern, Geschwister, dein Chef, Kollegen... usw.

Der Schwellenwächter macht seinen Job gut, wenn du umkehrst und alles beim Alten lässt. Wenn du dich zufrieden gibst mit dem, was du bisher hattest.

Kritische Stimmen zu deinem Vorhaben sind immer von den Schwellenhütern zu erwarten, die nur das eine Ziel kennen und im

Blick haben: Dich von etwas abzuhalten. Sie wollen verhindern, dass du weiterwächst.

Es sind z.B. oft auch Menschen, die selbst zu bequem sind, um neue Wege zu gehen, oder die Veränderungen überhaupt nicht ausstehen können. Denn wenn du dich veränderst, müssten sie es womöglich auch tun und dazu haben sie keine Lust. Viel zu anstrengend :)

Die gewohnte Welt ist für viele einfach zu gemütlich, um in unbekannte Gewässer vorzustoßen. Doch wer zu lange verharrt, kann stagnieren. Wer seine Herzenswünsche zu lange ignoriert, wird träge und gibt sich mit einem vermeintlich sicheren und wohlhabenden Zuhause zufrieden.

Darum wisse, wer sich mutig auf die Reise macht, wird immer belohnt werden.

Mut wird immer belohnt.

Das ist ein Gesetz auf unserem Planeten Erde.

Wenn wir die Sache aus der Metaebene betrachten, sehen wir, dass diese Menschen, die den Job des Schwellenwächters übernommen haben, tatsächlich einen Auftrag haben, welchen du selbst ihnen - vor Antritt deiner Lebensreise - gegeben hast. Darum sei ihnen nicht böse, denn sie wissen oft nicht, was sie tun. Sie machen halt ihren Job. Meist unbewusst. Und den machen sie oft sehr gut und beharrlich.

Dieses Wissen hilft mir immer, wenn ich solche Schwellenwächter in meinem Leben entlarve :) und die Situation kann sich durch das mir bewusst sein bereits auflösen.

Du darfst jetzt überprüfen, ob du deine Reise wirklich antreten möchtest. Wenn dein »WARUM« (ich will das unbedingt, weil ...) stark genug ist, wird es durch die Schwellenwächter höchstens kurzzeitige Verzögerungen geben. Doch wenn du wankst und unsicher bist, haben sie die Trümpfe in der Hand und gewinnen das Spiel.

Du entscheidest! Dir alleine ist es möglich, sie in ihre Schranken oder auf ihren eigentlichen Platz zu verweisen. Denn oftmals überschreiten sie ihre Grenzen, vor allem dann, wenn du Schwierigkeiten damit hast, Grenzen zu setzen.

Diese erste »Prüfung« ist wichtig und notwendig, denn es ist der entscheidende Test, ob der Held es wirklich ernst meint und sich nicht gleich durch das erste Hindernis abhalten lässt.

Erfahrungsgemäß ist es so, dass der Held hier - zu Beginn der Veränderung - immer mal wieder umkehrt und es zu einem späteren Zeitpunkt erneut versucht, dann, wenn sie die Sehnsucht wieder einholt.

Dinge, die wir uns ganz zu Beginn unserer Lebensreise in unseren Lebensplan geschrieben haben, lassen uns eh keine Ruhe. Solange, bis wir endlich über die Schwelle gehen und uns auf unsere Reise - zu uns selbst - machen. Und wie gesagt: Diese Heldenreise ist das Finale - also die anspruchsvollste und schwierigste aller *Prüfungen*.

Und das hat auch einen guten Grund, denn

Bestimmungen wollen gelebt werden!

Sie dulden Aufschub nur bedingt. Irgendwann wird die Sehnsucht so groß, dass die nötige Kraft und der Wille größer ist als die Angst vor dieser Veränderung.

Immer wenn es um Bestimmungsthemen geht, sind die Herausforderungen und die „Nüsse", die geknackt werden wollen, besonders groß. Deine versteckten und vergrabenen Fähigkeiten, dein gesamtes Potenzial drückt an die Oberfläche. Unaufhaltbar suchen sie sich einen Weg, um gesehen und erkannt zu werden. Bestimmungen sind unsere größten Erfahrungs-Felder. Sie wollen wirklich gelebt werden. Jetzt. Hier und heute. Nicht irgendwann oder gar im nächsten Leben. Nein - Jetzt ist die richtige Zeit dafür!

Darum: Trau dich. Du schaffst es, wenn du wirklich willst.

Der Realisierungsplan für Helden

Wenn ich etwas Neues beginne, erstelle ich mir für die Übergangszeit einen Realisierungsplan. Von der »Nächsten-Schritt-Liste« bis hin zum »**Realisierungsplan**«.

Hierbei gehe ich wie folgt vor:

Ich bin sehr bei mir, unterhalte mich viel mit meinem »geistigen Coaches-Berater-Team« (manche sagen auch Meditation oder Channeln dazu) und handle, wenn der Impuls kommt. Mein Ziel habe ich natürlich vorher klar gesetzt. (Wenn es noch nicht so klar ist, dann stecke ich mir konkrete Zwischenziele.)

Zusammenfassend hier nochmal ein paar Fragen, die ich immer wieder stelle:

* Was bringt mich jetzt weiter?

* Wo muss ich genauer hinschauen?

* Was ist mein nächster Schritt?

* Gebt mir bitte einen Tipp (oder Hinweis) zu dem Thema.

* Was hält mich davon ab, über die Schwelle zu gehen / zu kommen?

* Was kann ich heute dafür tun, um mein Ziel zu erreichen? ... usw.

Ich schreibe mir meine Fragen immer in mein Helden - Journal, dann kann ich die Hinweise besser zuordnen.

Bei meinem abendlichen Check - auch Abendroutine genannt - reflektiere ich den Tag und überlege, ob ich einen entscheidenden Hinweis zu den Fragen erhalten habe.

In meinem »Helden-Journal,« notiere ich alles, was mir bei meinen Routinen in den Sinn kommen und behalte dadurch den Überblick.

Morgens - beim Aufwachen - kommen meist die kreativen Einfälle, die Inspirationen. Am Abend geht es um das Sammeln der Ereignisse. Diese Reflexion des Tages hilft sehr dabei, die Erfolge besser zu erkennen.

So kann ich zum einen Fortschritte erkennen und zum andern gehe ich klar strukturiert und zielgerichtet meine weiteren Schritte.

6 - Neue Freunde - Orientierungsphase

In dieser Orientierungsphase besteht die Hauptaufgabe darin, sich einzufinden sowie die Regeln der neuen Welt zu verstehen und zu lernen. Oft befindet sich der Held in dieser Phase an einem anderen Ort und begegnet neuen Menschen, Sitten und Gebräuchen.

Auf dieser Stufe geht es darum, wichtige Informationen, Hinweise und Wegweiser zu erhalten, die für den weiteren Weg nützlich sind.

Die Hauptaufgabe in der Orientierungsphase ist die Positionierung!

Während also die erste Hürde genommen wurde und du an den Schwellenwächtern vorbeigekommen bist, befindest du dich nun in einer neuen, aufregenden, aber auch geheimnisvollen Welt, in der du dich noch nicht auskennst.

Und schon kommen die nächsten Herausforderungen in dein Leben.

Neue Freunde treten in dein Leben, doch auch deine alten melden sich noch.

Nochmals auf den Punkt gebracht:

* *Die Schwellenwächter sind auch nach dem Überschreiten der Schwelle im Einsatz!*

* *Sie treten manchmal als Verführungskünstler(in) oder Gestaltenwandler auf und lassen nichts unversucht, um dich am Weiterreisen zu hindern.*

* *Sie manipulieren dich, weil sie dich lieber in deiner „alten Form“ behalten möchten.*

* *Manchmal treten sie auch in Gestalt von Beamten oder Behörden in Erscheinung und stellen deine „Entschlossenheit“ auf den Prüfstand.*

* *Sie können dir, trotz des Portalwechsels weiterhin das Leben schwermachen.*

* *Du weißt in diesem Stadium einfach nicht, wem du trauen kannst und wem nicht. Wer meint es wirklich gut mit dir und wer will dich am Weitergehen hindern? Die einen prüfen dich und stellen dich immer vor neue Herausforderungen, die anderen wollen dir eine neue Welt oder Ansicht zeigen. Es ist hier nicht immer ersichtlich, wer hier was ist!*

* *Bei den neuen Freunden sind meine Beobachtungen auch unterschiedlicher Art. Denn manche werden versuchen, dich zu*

binden. Das ist ebenfalls eine Facette der neuen Welt. Lässt du dich gleich ins Nächste binden, oder ist dein Ziel Freiheit?

* *Immer und immer wieder gilt, deine Positionierung klar aufzustellen. Was willst du wirklich?*

Wenn meine Helden und Heldinnen mir von Verwirrung erzählen, von dem, dass sie nicht mehr durchblicken und alles wie ein einziges Chaos erscheint, dann ist das ein sicherer Hinweis für mich, dass sie sich an einer wichtigen Stelle des Übergangs befinden.

Verwirrung bedeutet, dass der Held auf dem besten Weg zum »Bergfest« ist.

Zur Erinnerung: Es gibt 12 Stationen, aufgegliedert in 3 Bereiche, die durch 2 Portal-Tore abgegrenzt sind, an denen sich die Wächter positionieren.

Und auch wenn der Held mit diesen Herausforderungen nicht gerechnet hat und diese Hindernisse oft auch sehr anstrengend und manchmal sogar richtig schwierig für ihn sind, so hat er dennoch die erste Hälfte bereit geschafft.

Der Weg zurück ist jetzt also genau so lang wie der Weg ins Ziel!

Mit diesem Bewusstsein fällt die Entscheidung oft viel leichter, dran zu bleiben und seine Reise fortzusetzen.

Wieder braucht es eine Entscheidung.

Weitergehen und den unbekannten Weg erforschen oder umkehren in das alte, wohl Bekannte?

Jetzt gilt es, dir nochmal bewusst zu machen, wie wichtig dir diese Veränderung ist. (Ja, ich wiederhole mich, doch es ist tatsächlich so… dies ist eine sehr kritische Phase, in der noch alles möglich ist, auch der erneute Rückzug :) … Siegen die Boykotteure oder bist du tatsächlich bereit dazu, weiterzugehen, auch wenn es kein leichter Weg ist?

An dieser Schwelle ist ein Hin und Her noch ganz "normal".

Wer die Veränderungs-Reise bewusst antritt und erkennt, dass er die Schwelle des Übergangs passiert hat, kehrt an dieser Stelle gewöhnlich nicht mehr, doch eine Verzögerung oder Stillstehen, ein Verharren und auf der Stelle abwarten ist hier oft der Fall.

Was jetzt hier wichtig ist:

Auch bei viel Gegenwind, behalte während dem gesamten Prozess dein Ziel fest im Auge, denn durch deinen klaren und starken Beweggrund (deinem »WARUM«), wird jetzt ein mächtiges Kraft-Potenzial geweckt, das ohne die Provokation durch die Schwellenwächter nicht zu Tage treten würde.

Nochmals auf den Punkt gebracht:

* *Deine Aufgabe in dieser Stufe ist, dass du einen sicheren Standpunkt FÜR DICH (oder dein Projekt - deine Wünsche - deine Entscheidung etc.) beziehst und klar aussprichst, was du willst!*

* *Sei felsenfest in deiner Überzeugung für »DEINE REISE« (dein Ziel) unterwegs.*

* *Je klarer du bist, desto weniger Chancen haben die Menschen in deinem Umfeld, die Chaos in dein Leben bringen. Ganz gleich, ob sie das willentlich machen, weil sie vielleicht generell nicht an Wachstum oder Veränderung interessiert sind oder ob sie dies unwissend und unbewusst tun.*

* *Durchhaltevermögen und Ausdauer werden hier ebenfalls gefordert, ebenso wie das Einstehen für DICH SELBST und DEINE eigenen Träume, Ziele und Wünsche.*

An dieser Stelle trennt sich oft die Spreu vom Weizen.

Denn ab hier geht es mehr denn je darum, dich zu fokussieren und nicht vom Weg abzukommen.

Sieh dies als deine Bewährungsprobe. Denn weil du dich auf den Weg in die Freiheit machst, um deinen ganz individuellen, eigenen Weg zu gehen, machst du nun vielen Menschen, die ihrem Herzen noch nicht folgen können, Angst. Erfahrungsgemäß hat jeder von ihnen jede Menge Ausreden parat, wenn es um die Erfüllung ihrer Träume geht.

Weil du aber deinen Weg zielstrebig gehst, wollen sie dich - meist unbewusst - aufhalten. Vor allem der Gestaltenwandler, den ich hier speziell noch extra erwähnen will.

Der Archetyp des *Gestaltenwandlers* hat eine Sonderstellung. Er kann beides sein. Dein Freund und dein Schwellenwächter. Dieser Freund ist dir in der Regel sehr ähnlich. Doch eines unterscheidet euch beide. Er lebt im Gegensatz zu dir seine Träume NICHT! Das ist ihm zu mühselig. Er ist der passivere Teil von euch beiden. Während du aktiv an der Umsetzung deiner Freiheit interessiert und voller Euphorie und Tatendrang bist, ist er eher faul und träge.

Ihn zu durchschauen ist eine Kunst!

Ich erinnere mich noch gut...

Viele Jahre hatte ich mich durch die Schwellenwächter und Gestaltenwandler aufhalten lassen. Ich wollte stets den harmonischen und »lieben« Weg gehen. Dass dieser Weg jedoch nicht wirklich zu tiefem Frieden und Harmonie führt, erkannte ich damals noch nicht. Ich wusste dato nicht, dass die Lösung auf einer anderen Ebene zu finden ist. ☺ Die Befreiung aus dieser *Harmonie-um-jeden-Preis-Ebene* ist: Lass es mal richtig krachen. Stell dich hin und streite mal (auch wenn es sonst so gar nicht deine

Art ist). Einmal reicht, dann bist du durch (sofern du es richtig machst :))))

Die Erkenntnisse in diesem Bereich:

Es ging dabei gar nicht um die anderen (sie machten nur ihren Job). Es ging dabei wirklich nur um mich.

Ich durfte lernen:

* Für mich selbst und meine Wünsche und Träume einzustehen!

* Klar und deutlich auszusprechen, WAS ICH WILL ... und es anschließend auch umsetzen und einfordern ... und nicht nur um des lieben Friedens willen immer nachgeben und es allen recht machen wollen!

Ich sag dir:

Das hat mich viele Jahre meiner wertvollen Lebenszeit und Lebensqualität gekostet. Es waren wirklich bittere Pillen dabei, die ich zu schlucken hatte. Doch - andererseits - sind dadurch mein Erfahrungsschatz und meine Lebensweisheiten jetzt auch entsprechend hoch :)

Und weil ich diese Erkenntnisse von Grund auf erfahren und vor allem fühlen durfte, weiß ich jetzt auch den Weg und durchschaue das Spiel, das hinter »Veränderungen« steckt. Und ich weiß auch, dass es letztlich gar nicht so schwer ist, wenn man weiß, wie es geht. Wenn man weiß, wie die Spielregeln sind und wer hier welche Rolle übernimmt.

Heute weiß ich:

Eigentlich ist alles ganz einfach

Zögere nicht, bleib auf deinem Weg, auch wenn die Schwellenwächter einen sehr, sehr guten Job machen.

Hätte ich damals schon gewusst, was ich heute weiß, wäre es viel leichter und vor allem viel schneller gegangen. Genau aus dem Grund schreibe ich jetzt dieses Buch, denn mein Wunsch ist es, dass es bei DIR ganz einfach, viel schneller und leichter gehen soll. Ich möchte auf keinen Fall, dass du so viel wertvolle Lebensqualität und dein Lebensglück verplemperst. Das Leben ist viel zu wertvoll, als dass wir uns länger aufhalten lassen!

Und das auf direktem Weg, frei von ewig langen Umwegen und mega Verzögerungen! Außer, du willst es so, dann steht dein Wille natürlich vor meinem Wunsch! Schließlich bist du ja der Chef deines Lebens, ich bin “nur“ die gute Fee :))))

Gute Fee... das ist ein gutes Stichwort.

Eine wirklich äußerst große Hilfe, vor allem in dieser anstrengenden Phase, waren mir hier meine »GlüXkügele«. So nannte ich sie immer, weil sie mir einfach guttaten und immer noch guttun. Sie sind für mich - ebenso wie für meine Helden, die ich im Coaching

/ Mentoring begleite - eine wirkliche Erleichterung und wahre Beschleuniger auf sanfte Art und Weise.

So entstand im Laufe der Zeit der Helden*Schatz :)

... eine »Schatzkiste mit Power*Kügelchen«, reinste Informations-Energien... Bioresonanzen … die Frequenzen fürs Leben, speziell für die Helden des 3. Zeitalters ☺

Der Helden*Schatz mit Bonus

Von Mutmacher bis zum Heldenglück

Ganz glücklich stelle ich euch hier kurz den Helden-Schatz vor.

Ziel:

* Der Veränderungsprozess darf nicht nur erfolgreich sein, sondern dazu noch schnell und leicht gehen.

* Das, was zu wenig ist, wird aufgefüllt, was zu viel ist, wird ausgeglichen.

Alles dient immer dem Ausgleich und der Balance und folgt einem einfachen, ganzheitlich universellen Prinzip. Freiheit und Lebensglück ist das Reiseziel.

Viele sind der Meinung: »Energie-Homöopathie« hilft doch nur, wenn man dran glaubt... Ja genau!...

Mach dir mal bewusst, was diese Aussage bedeutet! Sie haben ja so recht damit... WAS WIR GLAUBEN!

Die nächste Frage wäre dann nämlich: „Warum glaubst du dann an Krankheiten, wo du doch eigentlich gesund sein willst?“...

Warum glauben wir an Mangel und nicht daran, dass alles im Überfluss existiert? Warum zweifeln wir alles an, was wir haben oder sein wollen?

Warum glauben wir nicht das, was wir wollen?

Die Energie folgt der Aufmerksamkeit, das ist das universelle Gesetz. All das, was mit Energie versorgt wird, wächst. Warum nähren wir dann immer noch Dinge, die wir gar nicht haben wollen?

Warum glauben wir dann nicht genau das, was uns hilft?

Warum geben wir nur immer wieder unsere Macht ab und glauben Dinge, die uns vom Erfolg - in jeglichem Bereich - fern - oder abhalten?

Was hilft also in einem solchen Fall?

Dein Glaube - Ja...

Dann glaub doch einfach daran, dass alles für dich möglich ist. Glaub doch daran, dass die Energie, die in den Kügelchen eingespeichert wurde, deine Zellen daran erinnert, dass du mutig genug bist, die Veränderung in dir optimal zu unterstützen. Was hält dich denn davon ab zu glauben, dass alles bereits in dir ist und es eigentlich nur eine Erinnerung braucht, um es dir wieder bewusst zu machen?

Tatsache ist, dass jeder das glauben, denken und fühlen darf, was er will. Alle haben wir einen freien Willen.

In meinem Fall bedeutet das, dass ich glauben will, dass ich alles in mir habe und ich selbst sehr gut für mich sorgen kann. Meine perfekte Nahrung ist die Natur. Ich atme, was mich optimal ernährt. Ich selbst habe die Macht, mein Körper und ich sind ein Team. Er sagt mir, was er braucht. Und ich denke und handle entsprechend.

Sollte ich es mal vergessen und doch mal die Ordnung durcheinanderbringen - was ab und an schon noch vor- kommt - dann spricht mein Körper ebenfalls mit mir. Er sendet Hinweise und Symptome, die ich nicht ignorieren kann. Er ruft also, er sendet einen Ruf aus, der zum Aufbruch - bzw. zur Regulierung - auffordert...

Manchmal ist es ein Unwohlsein, manchmal sind es Unreinheiten wie Pickel, Dellen oder ein Autsch... und manchmal merke ich es an den Hosen, die nicht mehr so recht passen. So weiß ich, dass ich wieder genauer hinschauen und achtsamer spüren darf.

Woran glaubst du?

* Glaubst du an dich und deine Fähigkeiten?

* Versetzt dein Glaube bereits Berge? Wenn nicht, liegt es an deinen Überzeugungen, die noch nicht zweifelsfrei funktionieren.

Mit diesem Bewusstsein geht alles. So hast du Mut, Balance, Balsam, Power, Glück, Lebenselexier, Freiheit, Einheit, Stabilität, ... alles ist in dir.

Erinnere deine Zellen einfach wieder daran, die Kügelchen sind eine Unterstützung hierzu. Nicht mehr, aber auch nicht weniger! Sehr hilfreich bei all dem Chaos, das wir, gerade in der jetzigen Zeit, oft im Außen - sowie in unserem Inneren - erleben.

Du hast die Freiheit, du darfst glauben, was du willst. Und Gedanken lassen sich verändern.

Der nächste Schritt ist die Überzeugung. Bist du überzeugt von etwas, lassen sich die Berge versetzen. Ich war überzeugt davon, dass ich Mama sein werde. Alles sprach dagegen, selbst niederschmetternde Diagnosen konnten mich nicht von meinem innigsten Wunsch abbringen. Ich blieb dabei, felsenfest im Gefühl überzeugt. Das Ergebnis kennst du bereits :)

Ich erinnere dich hiermit daran,
dass du ein sehr mächtiges Wesen bist!
Ob du es glaubst, ist deine Entscheidung :)

Da dies das Basisbuch ist, führe ich - für den Gesamtüberblick - alle Möglichkeiten auf, die uns derzeit als Magic Unterstützer zur Verfügung stehen.

Wen dich die ausführliche Produktbeschreibung nicht interessiert, spring ganz einfach weiter ins nächste Kapitel.

Wichtiger Hinweis:
Der Ordnung halber gibt es hier die rechtlichen Hinweise über die Wirkungsweise. Ich bin weder Arzt noch Apotheker!

Diese Essenzen wirken rein energetisch und ersetzen nicht den Arzt, eine therapeutisch medizinische Beratung und Medikamente!

Kügelchen (Globuli) & Informationsessenzen enthalten radionisch eingearbeitete Signaturen und wirken auf rein energetischer Ebene, um die Zellen über das Zellbewusstsein mit Energieimpulse an die gesunde Form & Funktion zu erinnern. Vielleicht kennst du es auch unter dem Begriff Bioresonanz? Die Kügelchen wirken also auf der Energieebene, - wie Gedanken, über Frequenzen - und geben ihre Informationen über atomare Impulse in das energetische Feld des physischen Körpers.

Alle Aussagen, die zur Wirkungsweise der Produkte gemacht werden, basieren auf zahlreichen Erfahrungen, einschließlich meiner eigenen. Sie dienen der Unterstützung, damit es leichter geht.

Der Helden*Schatz

Die Stichworte hinter dem Namen sind ein Versuch, diese Energien im Einzelnen in ihrer eingespeicherten Energie zu beschreiben!

Für eine gute Stabilität und Sicherheit sorgt die Basic:

Helden*Power bei folgenden Themen wie:

Persönliches Wesen entdecken und stärken, Persönlichkeit entfalten, höchstes Potenzial leben, Fähigkeiten aktivieren, Ursprungsenergie/deine persönliche Essenz, Schöpferkraft, universelle Kräfte/ Kraftquellen aktivieren, Schubkraft, Stabilisierung/ Stärkung, Erkennen/Regulieren, Beschränkungen und Begrenzungen aufheben, mit der Vergangenheit aufräumen/ Großputz.

Helden*Mut

Stabile Erdung, eigene Macht erkennen, VERTRAUEN, Selbstvertrauen entwickeln, Wissen aus den Speichern holen, Selbstbewusstsein stärken, Sicherheit fühlen, Schutz, Potenziale entfalten, sich trauen, **seinen eigenen Weg gehen**, Selbstbestimmung, Antriebskraft, Vitalität, Wegweiser für klare Zielfindung, mutig voranschreiten, neue Ziele setzen, Potenzial aktivieren, Durchhaltevermögen, Ausdauer.

Helden*Balance

Ist die Basis für ALLES, Erdung auf allen Ebenen, Gleichgewicht, Ausgleich von männlicher & weiblicher Energie (Yin & Yang - Shiva & Shakti), Regeneration, Stabilisierung/ganzheitliche Stärkung, in Bewegung kommen, Erkennen/Regulierung, Struktur JAVES (Schöpferkraft), Selbstliebe, sich selbst wieder besser fühlen können, sich sicher fühlen, allgemein (wieder) spüren können,

SOL'A'VANA - wenn es möglich ist, dass diese Königs-Energie sich in deinen Zellen einbettet, kann gefühlt werden, dass sich Grenzen, die man sich selbst gesetzt hat, auflösen. Frieden, Gelassenheit, Geborgenheit und Freude werden wieder spürbar!

Zur Zielunterstützung gibt es folgende:

Helden*Freiheit

Zielführend in der Transformationsphase, Freiheitsgefühl entwickeln, Erlösung, das eigene Wesen machtvoll erkennen, Befreiung, Frieden schließen, Blockaden lösen, in Fluss kommen, Löschen alter Musterprogramme bis hin zur Neuprogrammierung, Neuordnung, Aktivierung der zentralen, inneren Heilungsebene.

SHADEES heißt sie. Sie erinnert an die Auferstehung und gibt zielorientierte Unterstützung im Transformationsprozess, der immer zur Heilung führt (die Transformationsenergie bleibt so nicht im System stecken) - gibt Kraft und Stärke, Ausdehnung der eigenen Fähigkeiten, leichte Speicherung und Aufnahme von Energien.

Helden*Glück

Leichtigkeit, Lebensfreude, Fluss/Flow, Selbstliebe, Liebe fühlen/Liebe leben, Geborgenheit und Wohlfühlen.

Beliebt bei Themen rund um Beziehungen, Liebe und dem Wunsch nach erfüllter Partnerschaft. Aber auch für jene, die eine schwierigere Kindheit hatten und dadurch ihr Glück nicht fassen, greifen und (be)halten können.

Helden*Einheit

Rund um Familie, Clan, Einheit, Zusammenhalt, Zusammenschluss (Synergie), genial geeignet, wenn die Persönlichkeitsebene 2 (Stamm) nicht erfüllend war und noch Lücken aufweist.

Rund um Gemeinschafts-Bildung, Netzwerk, aus dem VOLLEN schöpfen, seine Macht annehmen, Schöpfer und Erbauer sein —> bewusstes Erschaffen, Anbindung, Selbstbewusst-Sein, Klarheit & Wissen, Weisheiten entdecken - entschlüsseln - leben,

Neue Ziele sind gesetzt —> zielgerichtet voranschreiten, Potenziale ausschöpfen & Umsetzung im Leben,

ALL- EINS-SEIN, Vollendung

Ich liebe diese Essenz! Sie gehört zur *Helden-Königs-Klasse*. Es geht um Manifestation und Erschaffen des NEUEN Lebens.

Für alle, die gerade dabei sind, ihr neues Drehbuch zu schreiben!

(Näheres hierzu findest du in meinem Heldenreise-Blog)

Wie eine »Universalhilfe und Heilbalsam für Helden« wirken diese hier:

Helden*Lebenselexier

Pro*Elise*s - eine Universalhilfe auf allen Ebenen

Es stabilisiert und erdet stark (auf allen 4 Ebenen). Gleichzeitig gibt die Lebensenergie viel Leichtigkeit und Fluss in Situationen, Dinge und Ereignisse, sowohl auf der persönlichen Ebene, als auch im Umfeld.

Ein sehr vitalisierendes und dennoch beruhigendes Gefühl ist spürbar. Gut geerdet und gleichzeitig leicht.

Lebendig fließt es und bietet parallel Geborgenheit - Schutz und Wohlbefinden, wie wenn sich die Lebensfreude ihren Weg ins Leben tanzt.

Für alle Situationen, in allen Lebenslagen, sowie als Notfall Essenz einzusetzen.

Helden Balsam

Loslassen was schwer macht und belastet, (Muster) lösen, Erlösung, Vergebung, schwere Ereignisse verdauen, Erdung zur Verankerung nach Erschütterungen, zur besseren Verarbeitung, innere Ruhe und Gelassenheit, rundum Wohlfühlen, wieder durchatmen können, Erlösung aus Schockzuständen, Ersthilfe.

Diese werden oft als sehr wohltuend empfunden, wenn der Held oder die Heldin eine Trauer zu überwinden hat und wenn eine Überforderung, Depressions-Phase oder ein Zusammenbruch (z.B. Burnout) ihre Lebensqualität einschränkt.

Aus allen Bereichen erstelle ich für die Helden eine persönliche Essenz. Sie wird kraftvoll zur Unterstützung unter *Meine Heldenreise* auf jeden Einzelnen – ganz individuell – abgestimmt.

BONUS:

Alle Bücherwürmer, die dieses Buch bis hierher gelesen haben, bekommen einmalig einen Rabatt von 10%. Bei Bestellung einfach den Code „HeldenPowerRabatt“ eingeben.

Wegweiser zur Blog Seite:

https://heldenreise-blog.de/reiseapotheke/

7 - Prüfungen

Je anspruchsvoller die Aufgaben und Prüfungen sind, je öfters könntest du geneigt sein, doch wieder

* in dein altes Leben,

* in deine dir bekannte Umgebung,

* zu den Menschen oder Beziehungen, zurück zu kehren.

Manch einer macht das dann auch und setzt nach einer geraumen Zeit, die er zum Auftanken und für eine Ruhepause nutzt, seine Reise neu an. In einem solchen Fall wird ihm der erste Teil, bis zu den Prüfungen, schon viel leichter gelingen, weil er den Ablauf ja bereits kennt. Außerdem ist er zwischenzeitlich weitergewachsen oder ist noch viel mehr genervt als früher, in oder von seinem bisherigen Leben. Sehr schnell wird es ihm wieder viel zu eng. Das liefert dann den richtigen Treibstoff, die Energie, die er jetzt braucht, um sich auf einen weiteren Tiefgang einzustellen und seine neuen Fähigkeiten zu testen.

In diesem Fall ist es hilfreich, dich an dieser Stelle an deinen Mentor zu erinnern.

Das Ziel deines Mentors ist es, gut für dich zu sorgen und dich zu motivieren, dass du mutig und stabil genug bist, das Unmögliche möglich zu machen, damit du weitergehen kannst. Er möchte, dass du dich traust, deinen eigenen Weg zu gehen, denn er weiß, welch wundervoller Schatz als Belohnung für dich und dein Leben wartet. Der Mentor hat nämlich das schon erreicht, was du jetzt - für dein Leben - erreichen willst.

Er weiß #allesistmöglich

In sehr bewusstem Zustand könntest du auch selbst - in Verbindung mit deinem Höheren Selbst - der Mentor sein. Das heißt: Deine persönliche Engelsgruppe oder wie auch immer du dein »Universelles-Team« nennst, übermittelt dir die Nachrichten über deine Intuition Sie leiten dich an, lenken dich und tun alles was wichtig ist, damit du dein Ziel erreichst.

»Sei du selbst«

Das ist jetzt, in diesem Bereich, die Aufforderung.

Es geht nun darum, dein wahres Selbst, immer mehr zuzulassen. Sie ganz natürlich und einfach so, wie du bist.

Deine Fähigkeiten und das Erlebte, alles was du von deinem Mentor mitbekommen hast - vom aktuellen und von all deinen Mentoren zuvor - wird auf dieser Stufe auf die Probe gestellt. Hierfür braucht es **Helden*Mut** und Offenheit. Oft versuchen wir, wenn wir irgendwo neu sind, uns nach den anderen zu richten. Wer kann es verdenken, sind wir zu Beginn von etwas ganz Neuem und uns Unbekannten einfach auch unsicher. Das Selbstbewusstsein und Selbstvertrauen wächst erst, von Level zu Level mehr.

Bewusst sollten wir uns nur machen, dass, wenn wir uns nach anderen richten, wir uns so absichtlich klein halten. Dabei sagen wir oft nicht, was wir (wirklich) denken. Wir haben Sorgen aus der Reihe zu tanzen, aufzufallen oder abgelehnt zu werden.

Um heraus zu finden, wer dein wahrer Freund - in dem Transformationsfeld deiner Heldenreise - ist, und wer wirklich an deiner Seite steht, musst du dich überwinden, und ehrlich sowie authentisch sein.

Deine Ziele und Wünsche darfst du laut, klar und deutlich aussprechen können und mit aufrechter Haltung und erhobenen Hauptes deinen Weg weitergehen.

**Je weniger Angst wir davor haben,
abgelehnt oder zurück gewiesen zu werden,
je freier sind wir.**

Gesetz der Anziehung, kennst du bestimmt :)

Ich weiß, dass das Thema »FREUNDE« einer der Knackpunkte ist. Die Menschen in deinem Umfeld verändern sich mit dir. Das heißt: Zu einigen passt du noch, zu anderen passt du nicht mehr. Beziehungsweise SIE zu DIR! Bei manchen musste ich auch schlucken, wenn sich unsere Wege getrennt haben. Mit Abstand betrachtet ist es aber so, dass wir ja alle auf dem Weg zu einem erfüllten Leben sind. Und wenn dann aus ZWEI ein EINS plus EINS wird, dann ist das halt so. Nicht immer einfach, ich weiß. Doch wenn du dein Leben als Spiel betrachtest, dann wird es schon leichter. Letztendlich seht ihr euch im Ziel wieder, ihr kommt nur auf unterschiedlichen Wegen dort an.

Wahre Freundschaft ist etwas sehr Wertvolles und hat etwas mit absolutem Vertrauen zu tun.

Die Bereitschaft für »ANDERS« schafft die nötige Basis zur Veränderung.

Eine klare, bewusste Entscheidung verändert alles... und wisse: Neid ist der Begleiter bei mutigen Veränderungen. So ist dies oft ein Thema des Drachenwächters, der hier das Neidvolle zu Tage bringen kann. Als ich damals die Entscheidung für mich traf, alles zu tun, um glücklich mit meiner eigenen Familie leben zu können, schwappte mir sofort eine Woge des Bedenkens entgegen. Es waren einige Menschen in meinem Umfeld, die plötzlich ganz genau wussten, was gut und was schlecht für mich war. Und auch bei allen meinen Heldinnen und Helden, die ich täglich in der Helden-Praxis begleite, kommen genau diese Art von Menschen in dieser Phase der Veränderung teilweise vehement zum Vorschein. Es gibt sie also immer, darum wundere dich nicht darüber, solltest du vielleicht gerade auch mit diesen »Drachenwächtern« konfrontiert sein. Diese überhäufen dich mit guten RatSCHLÄGEn. Jaa... das kann durchaus wörtlich genommen werden. Oft fühlen sich diese wirklich an wie Schläge.

Wenn du jetzt noch nicht so klar aufgestellt bist - was durchaus in der ersten Runde der Veränderung sein kann, denn diese ist ja zum Erfahrungen sammeln da und nicht dafür, bereits perfekt zu sein - dann könnte es dich hier ganz schön verspulen. Je mehr Zwischenziele du dir setzt, desto sanfter kommst du durch diese Phase.

Hier gilt es also nochmals richtige Stürme zu bestehen. Denn ganz so schnell kommt man nicht an den Schatz. ☺

Je klarer du also bist, je tiefer du dein unumstößliches Gefühl in dir fühlen kannst, je einfacher ist es oder wird es sein.

Die Stürme des Zweifels und die wolkenverhangenen Unwetter des Zwiespalts klingen dann erst ab - und verziehen sich letztendlich - wenn du dir ganz, ganz sicher bist und deinen Weg konsequent gehst. Solange du noch ein Zögern in dir spürst, eine Unsicherheit, eine Unentschlossenheit, Unklarheit... dann bekommst du es 1:1 im außen gespiegelt.

Meistens ist es so, dass Freunde und Familienmitglieder erst dann deinen merkwürdigen Wandel verstehen, tolerieren oder unterstützen, wenn du diese »ICH BIN«... oder: »ICH WILL«... Prüfung gemeistert hast.

Manchmal ist es aber auch so, dass es zu keinem Verständnis und zu keiner Unterstützung kommt.

Doch ich denke, dass es nur in Ausnahmefällen so ist! Meiner Beobachtung nach ist das dann der Fall, solange sich die Familie in den unteren Entwicklungs-Ebenen aufhält, du aber bereits weitergegangen bist. Dann ist das, wie wenn zwei verschiedene Welten miteinander zu kommunizieren versuchen. Das funktioniert nicht. Zumindest nicht auf Dauer.

Geduld - Geduld - Geduld und viel Verständnis wird hier gefordert. Manchmal auch Abstand.

Wer Großes bewegen will,
braucht einen großen Fokus

... und viel Liebe!

Diese Phase ist sehr anspruchsvoll!

Doch wahrscheinlich ist genau das unsere größte Herausforderung, unser größter Hüterdrachen.

Denn der allergrößte Schatz ist der, der vom Chef der Drachen gehütet wird ... und wenn dich genau dieser letzte Abschnitt jetzt berührt, bist du bereits beim größten Chefdrachen gelandet. Ungeheuerlich bäumt er sich vor dir auf. Lautstark, furchterregend, fürchterlich… Das ist er - oder sie. Die größte Herausforderung deines Lebens rückt immer näher. Gleichzeitig weißt du jetzt auch, dass es um den größten Schatz geht, den es überhaupt gibt!

**Wer in der größten Krise seines Lebens steckt,
hat einen äußerst wertvollen Schatz zu gewinnen.
Je größer die Herausforderungen sind,
je wertvoller ist der Schatz.**

Freu dich also darüber, auch wenn die Prüfung gerade alles andere als leicht ist.

Mache dir bewusst, dass am Ende des Tunnels dein größter Lebenstraum wartet, der sich nun erfüllen wird.

Es gibt immer ein Happy End, wusstest du das?

Darum hadere nicht länger mit all den anstrengenden Herausforderungen. Sei mutig und stark, denn jetzt ist es Zeit, in die tiefste Höhle aller Höhlen hinab zu steigen.

Diese Phase fühlt sich in etwa so an, wie wenn du schon 2/3 des Weges geschafft hast…2/3… das ist schon ziemlich viel! ... Und je näher du dem Ziel kommst, desto dünner wird die Luft... Dann kann es schon mal sein, dass du das Gefühl bekommst, dass alles zu viel wird und du am liebsten doch alles (wieder mal) hinschmeißen möchtest. Am Liebsten zurück „zum Gewohnten“, einfach weg laufen, verstecken, Kopf in den Sand... in der Hoffnung, es gibt einen Plan B... und alles wird von alleine gut...

Vielleicht hast du auch das Gefühl, dass es keinen Ausweg gibt, dass du ohnmächtig bist und dass du am liebsten aus dem Spiel aussteigen würdest.

An diesem Punkt stehst du an einer Weiche! Es geht um eine Entscheidung, die es jetzt zu treffen gilt.

Wenn du dich dafür entschließen kannst, dran zu bleiben und den Weg weiter zu gehen, (zu was ich dir in diesem Fall sehr raten möchte) wird dich das entscheidend weiterbringen.

Die Globes **Helden*Mut**, **Helden*Balance**, **Helden*Power** und oft auch das **Elise Lebenselexier** (für den Flow) kommen hier nochmals verstärkt zum Einsatz. Sie geben den nötigen Schub und gleichzeitig Halt und Sicherheit...

Die nächsten Heldenratgeber werden mit Hilfen, Anregungen, Inspirationen und Ideen zur Umsetzung bestückt sein, für jede Phase die passenden. Für mehr Sicherheit und Selbstvertrauen in dieser Phase kann ich dir z.B. einen »Entscheidungs-Check« empfehlen. Achtsamkeitsübungen können dir in der Transformationsphase eine große Hilfe sein, denn du bist schon mitten drin, im nächsten Level... der »Tiefsten Höhle«... und dunklen Nacht der Seele.

8 – Die dunkle Nacht der Seele

Jetzt geht es in die tiefe Höhle des Löwen. Mitten rein. Dunkel und kalt kann diese Phase sein. Transformation und Wandlung, die in die Tiefe geht.

Immer mehr und mehr, von Mal zu Mal tiefer.

Eine direkte Konfrontation ist jetzt angesagt.

Es scheppert im Karton. Die Situationen spitzen sich zu, bis zum großen Knall. Schatten-Themen machen sich breit, kommen an die Oberfläche. Alles, was dich am Erreichen deines Ziels hindert, kommt ans Licht und zeigt sich in deinem Leben. Diese Transformation kann manchmal ganz extrem werden und dich noch mal genauestens testen, ob du dem neuen Ziel auch wirklich gewachsen bist.

Wichtig zu wissen:

Diese Transformationsphase kann länger dauern und so heftig ausfallen, dass du das Gefühl bekommst, dass du dem Ganzen nicht Stand halten kannst und du beginnst, an dir selbst zu zweifeln!

Stimmungsschwankungen können auftreten bis hin zu depressiven Verstimmungen oder gar Depressionen. Immer wieder kommen

Helden in die Heldensprechstunde, die in dieser tiefen Höhle feststecken und nicht mehr ein noch aus wissen.

Körperliche Symptome können auftreten, welche auf die gespeicherten Emotionen zurückzuführen sind.

Alles was sich hier, in der tiefsten Höhle zeigt, will angeschaut und freigelassen werden. Es gibt kein richtig und kein falsch. Komische Gefühle dienen dir, sie zeigen dir, dass hier etwas ist, was angeschaut werden will.

Das große Thema ist hier die Befreiung, es geht um die Freiheit, in jeglicher Form.

Mein Kügelchen Tipp ist, wie der Name schon sagt, die Zielessenz **Helden*Freiheit.**

Und denke in dieser besonders anspruchsvollen Phase auch daran, dass du einen Mentor an deiner Seite hast, der dich in deinem Verarbeitungsprozess unterstützen kann. Du musst nicht alles alleine machen! Dass du es kannst, glaub ich dir sofort, doch du musst es nicht. Gerade deshalb, weil du es bereits kannst, darf es jetzt leichter gehen!

Die Energie-Kügelchen helfen und unterstützen hierbei ganz wundervoll.

In der Transformationsphase sind **Helden*Balsam** und **Helden*Lebenselexier** sehr oft im Einsatz.

Das **Helden*Lebenselexier** stellt durch die Pro***Elise***s Energie den Lebensfluss wieder her und bringt Erlösungsenergien mit, die sich wie ein Trostpflaster auf Herz und Seele legen, denn in dieser Höhle kommen auch alte Wunden wieder auf, reißen so, dass eine richtige »Wundversorgung« notwendig wird.

In der dunkelsten Nacht deiner Seele – in der tiefsten Höhle - treten Verletzungen aus der Vergangenheit noch einmal richtig doll an die Oberfläche. Sie werden meist begleitet von tiefer Traurigkeit, die sich oft schon in der Kindheit in die Seele eingegraben hat.

8-tung:

* Für ganz tiefe Wunden braucht es auch mal einen Arzt, Psychologen oder Psychotherapeuten, an den du dich dann bitte wenden solltest.

* Ich bin fürs Bewusstsein, Mindset, Erlösung (Transformation/Wandlung) und letztendlich fürs Seelen-Balsam zuständig. Ich bin der festen Überzeugung, dass genau jetzt der richtige Zeitpunkt gekommen ist, dass sich alles zum Guten wenden darf und wird. Wir selbst haben es in der Hand, ob wir uns weiterhin von den Erlebnissen unserer Vergangenheit beschränken lassen oder ob wir aufstehen, die Vergangenheit Vergangenheit sein lassen und von nun an bestimmen, dass das Lebensziel auf Lebensfreude, Leichtigkeit und Lebensglück ausgerichtet ist.

* Dein Wille versetzt Berge! Du bestimmst, denn du bist der Chef deines Lebens! ...

* Und als Chef gehst du durch diese Transformation durch, nimmst alle Schattenseiten an, integrierst sie und gelangst so an den Drachenwächtern vorbei, zu deinem Schatz.

* Hinter den Drachenwächtern wartet bereits die Erlösung, Freiheit und dein neues Leben.

* Anschließend geht's dann in die Integrationsphase, du überschreibst dein vergangenes Leben und deine alte Persönlichkeit und beginnst - ab sofort - ein ganz neues Kapitel deines Lebens.

Doch erst mal haben wir noch in der tiefen Höhle zu tun.
Durch die Unterstützung von deinem Mentor und den Werkzeugen, die du durch ihn erhältst, ist es möglich, dass viel weniger Widerstände auftreten und die Dauer dieser anstrengenden Phase kann sich um einiges verkürzen. Wenn du jetzt deine Ängste überwinden kannst und dem Drachen, der die größte Prüfung in diesem Prozess darstellt, gegenübertrittst, dann rückt dein Ziel in greifbare Nähe.
Natürlich braucht das viel Mut.

Nochmals auf den Punkt gebracht:

Ziele zu erreichen bedeutet manchmal auch, dass sich nicht nur die Freunde verändern, sondern manchmal auch komplett dein ganzes Leben.

Vor Veränderungen und Konfrontationen haben die meisten Menschen Angst.

Je größer die Veränderungen sind, desto mehr wird es auch im außen erkennbar.

Selbstsabotage ist hier ein ganz großes Thema.

Selbstsabotage

In der Transformationsphase ist es durchaus üblich, dass du auf deinen Antagonisten triffst. Ich mag ihn nicht »Feind« nennen, denn ich selbst bin in der Grundhaltung, dass es alle grundsätzlich gut meinen und es richtig machen wollen.

Doch als richtige Freunde kann ich diese Menschen auch nicht sehen, darum nenn ich sie jetzt einfach mal ganz frech »Arschengel«. Manche Menschen zeigen halt auf, wo es noch eine Nuss für dich zu knacken gibt. Nicht immer angenehm, oft sogar sehr anstrengend. Doch an und mit ihnen wachsen wir am schnellsten und am besten. Mit diesem Bewusstsein reist es sich sehr viel entspannter und besser.

Also: Kein Feind! Auch wenn es sich so anfühlt. ☺

Wie zeigen sich diese »Arschengel«?

Manchmal ist es auch so, dass sich Freunde als diese »Arschengel« entpuppen, sie übernehmen dann diese Rolle. Nicht immer schön und angenehm, doch irgendwann macht alles Sinn.

Vielleicht hast du es ja auch schon lange geahnt, aber nun kannst du es nicht mehr verleugnen, weil die Konfrontation jetzt unmittelbar im Raum steht.

Irgendwann spitzt sich die Lage zu, es wird immer enger und enger Im Drachenland in der dunklen Höhle keine Seltenheit.

Doch manchmal sind diese »Arschengel« auch nur der Ausdruck (der Spiegel) von einem inneren Mangel mit dem Namen:

Selbstzweifel - Selbstwert - oder Ängste.

* Ein anderer sabotiert dich, doch letztendlich ist es nicht ER, der zweifelt, sondern DU SELBST zweifelst an dir...

* Es ist nicht ER, der deinen Wert schmälert, sondern DU SELBST bist noch nicht im Gleichgewicht damit.

* Es ist nicht ER, der dir Angst macht, sondern es sind deine Ängste, die du seit langer, langer Zeit mit dir herumträgst. Der andere zeigt dir dies nur noch mal auf. Er erinnert dich lediglich nur nochmal daran.

Ein Beispiel (in sehr vereinfachter Darstellung, denn tiefer geblickt, ging es noch um sehr viel mehr):

Ich war in der Schule und bereitete dort - ehrenamtlich - jeden Morgen Pausenfrühstück für die Schüler. Für mich ein Selbstverständnis.

Weder von Seiten der Schule (mit wenigen Ausnahmen), noch von den Eltern (denen ich es ebenfalls einfach und bequem machte), kam eine Wertschätzung, kein Dank - im Gegenteil - es kamen Widerstand und immer weitere Forderungen. Sie wollten immer mehr und noch mehr haben. Je mehr ich ihnen gab, desto bestimmender und teilweise schon richtig unverschämt wurden sie.

Was war passiert?

Und was hatte das mit mir zu tun?

Ich gab doch nur... und davon recht viel... und das von Herzen. Warum also diese Verschiebung?... diese Schieflage? … diese Ungerechtigkeit?... diese Missgunst?

Meine Erkenntnis mit dem Aua-Effekt:

Wer zu viel gibt und zu wenig nimmt,
wird abgestraft.
Ein Ungleichgewicht entsteht.

Keine Balance innen - keine Balance außen!

Wenn das eine zu wenig - dann gibt es vom anderen zu viel.

Die Schule, sowie einige Eltern spiegelten mir meine altruistische (uneigennützige, selbstlose) Einstellung, sie zeigten mir mit dem Überschreiten der Grenzen und der nicht Wertschätzung meiner Arbeit und geschenkten Zeit, dass ich selbst meinen eigenen Wert nicht genügend geachtet hatte. Für sie war alles EBENFALLS »selbstverständlich« und nie genug - und nach dem Gesetz des Ausgleichs kippte dann mein zu gering geachteter Selbstwert in Richtung zu viel Forderungen durch die Anderen.

Schöner Mist :-) … da muss man erst mal draufkommen, knirsch ☺

Genau so etwas passiert in der Transformationsphase. Dieses Beispiel war meine Zeit in der tiefsten Höhle, meine dunkle Nacht der Seele. Der Drache war die sehr spezielle (kinderlose) Schulleiterin, die sich mächtig aufplusterte und meinte, alles besser zu wissen. Ich musste kräftig hinstehen.

Mein Thema war die Selbstbestimmung.

Viel zu lange haben andere bestimmt, was ich tun und lassen sollte. Besser gesagt: Viel zu lange habe ICH ES ZUGELASSEN, dass andere über mich bestimmen konnten! Ich war es… es war mein Thema! Die Anderen bedienten nur die Energie, die ich vorgab - bzw. nicht vorgab.

Diese Geschichte war meine Befreiungsrunde. Jahrelang habe ich auch hier gut funktioniert, bis ich endlich hingestanden bin und die Führung übernommen habe. Mit Abstand betrachtet ein gigantisches Lernfeld, für das ich rückblickend sehr dankbar bin.

Es geht immer um eine höhere Ordnung, in der Dinge »richtig« gestellt werden müssen. Anders gesagt: Die Aufgabe ist, aus dem Chaos in eine neue Ordnung zu finden.

Nochmals auf den Punkt gebracht:

Diese große Hürde ist die Schwerste! Doch hast du sie EINMAL geschafft, wird alles sehr viel leichter!

Durchhalten ist jetzt angesagt!

Sind wir mal ehrlich:

Wenn es unangenehm wird, wollen wir am liebsten die Flucht ergreifen. Hast du also **Fluchtgedanken**, dann weißt du:

„Ahaa... ich bin inmitten der Transformation... Ich befinde mich auf der Stufe, an der ich meine Angst überwinden darf... Unsicherheiten sind hier ganz normal, darum bleibe ich jetzt ganz ruhig ... bleibe einfach ganz bei mir, denn so habe ich am meisten Kraft zur Verfügung!

... JA! Es ist durchaus unangenehm... Ich habe das Gefühl, meine ganze Welt steht Kopf und ich blicke überhaupt nicht mehr durch... Doch weglaufen oder hinausziehen bringt jetzt nichts... Ich stelle mich dieser Herausforderung und geh jetzt da rüber...

Helden*Mut ich bin bereit.

... Nun stelle ich mich dir...

Ich dringe hervor und treffe sämtliche Vorbereitungen, damit ich wieder aus dieser tiefen, dunklen Höhle heraus kommen kann... Mir ist bewusst, dass es kein Zurück mehr für mich gibt,... es geht um Leben (neu) oder »Tod« (ich ergebe mich dem Schicksal, das andere für mich bestimmt haben)...

Bei Nahtodeserfahrungen habe ich das oft schon beobachtet. Diese Menschen stehen genau an dieser Schwelle. Sie müssen sich entscheiden zwischen Leben und Tod. Auch bei Komapatienten ist das der Fall. Sie halten sich hier oft Jahre lang auf.

Doch kommen wir zurück zu der tiefsten Krise und derjenigen, die sich fürs

* Hierbleiben,

* Weitermachen,

* Vorwärtsgehen

* und »Schatz erhalten«

entschieden haben.

Jedes Leben fordert eine Haupt-Lebens-Krise. Ich kenne zumindest bis jetzt noch keinen, der hiervon verschont blieb.
Doch was heißt »verschont bleiben«?
Wenn wir auf den Sinn des Lebens schauen, der auf Wachstum und Erfahrung aufgebaut ist, dann ist »verschont bleiben« nicht die richtige Beschreibung.

Wenn der Sinn des Lebens verändert wird und wir allesamt den Fokus wieder auf unsere Schöpferkraft lenken können, dann wird dieses Buch in das Regal für Geschichtsbücher gehören. Auch schön, ich freu mich schon drauf.

Doch momentan ist es so, dass wir Veränderungen brauchen, um vorwärts zu kommen.

Und solange gibt es auch die »Dunkle-Nacht-Transformationsnummer«, in der du über dich selbst hinauswachsen darfst, sollst und musst. Dein Charakter reift dabei, du wirst nie wieder so sein wie vorher und doch, wenn du diese Krise meisterst, wirst du die Meisterschaft über DEIN Leben erlangen.

Alles, was du jetzt lernst, wird dein Leben so stark wandeln und prägen, dass du geradezu zu einem anderen Menschen wirst.

Wer diese tiefste Krise übersteht, die wirklich als sehr schmerzhaft empfunden wird (weil sie dies auch ist!), den schreckt so leicht nichts mehr.

Sind das nicht großartige Aussicht, die du da vor dir hast? Was also könnte sich dir jetzt noch in den Weg stellen?

Nochmals auf den Punkt gebracht:

Tipps zum Durchhalten

* *Behalte dein Ziel stets im Blick.*

Um aus dieser Nummer kraftvoll und heile herauszukommen, bzw. dich deiner letzten Prüfung mutig zu stellen, braucht es vor allem:

* *Durchhaltevermögen!*

* *Selbstsicherheit!*

* *Vertrauen!*

* *Bewusstsein!*

*Deine Ausrichtung auf dein Ziel ist hier so sinnvoll wie wertvoll. Wenn du dein *Warum* kennst, dann stehst du hier ALLES.*

Sehe es als Abschlussprüfung an.

Bevor du den Kopf resigniert in den Sand stecken möchtest - wenn es zu ungemütlich wird - ist es wichtig, dass du dir jetzt nochmals bewusstmachst, wofür du stehst und »kämpfst«.

In den Helden ist der Kampf noch sehr aktiv. Sie kämpfen für sich, für ihre Liebste, für ihren Job, für ihre Familie, für ihren Weg... einfach gesagt: Für alles und um alles.

Heldinnen stehen für etwas ein!

Sehr viele Frauen fühlen sich auch heute noch im Kampf Sie stehen ihren Mann, kämpfen für ihre Rechte und viele sind der Ansicht, ein besserer Mann sein zu müssen. Vor allem die Frauen, die in einer Führungsposition sind. Dabei vergessen sie ganz, dass sie Frauen sind. Und wir Frauen haben ganz andere Qualitäten als unser männliches Gegenstück. Darum sag ich ganz bewusst:

Heldinnen kämpfen anders, Heldinnen stehen für sich und ihre Themen ein!

Lass uns nochmal auf das "WARUM" zurückkommen.

Mache dir also noch mal ganz bewusst, weshalb du deine Heldenreise angetreten hast.

Dein WARUM ist jetzt sehr, sehr wichtig. WARUM ist es dir wichtig, dieses Ziel zu erreichen?
Mein WARUM waren mein Kind/meine Kinder.
Ich hatte dieses Ziel fest vor Augen und manifestierte es bei jeder Gelegenheit. Bei jedem Wunschbaum schrieb ich ein Brieflein. Bei jedem Wunschbrunnen, warf ich eine Münze ein. In jeder Kirche zündete ich ein Lichtlein an. In all meinen Gedanken sah ich mein Kind. Ich liebte und herzte es darin. Es war so, als wäre es schon da, so sehr träumte ich davon.

Helden-Plan-Collage

Sofern du dir zu Beginn deiner Reise noch keine Collage erstellt hast, fange jetzt damit an. Denn diese Phase ist jetzt echt heiß.

Der Vorteil einer Bild-Collage ist: So hast du dein Ziel stets bildlich vor Augen und dein Unterbewusstsein wird so stets mit dem gespeist, was du willst.

... und weiter geht's

Jetzt bist du deinem Schatz schon sehr nahe. Es braucht nur noch einen kleinen Schritt, um über die Schwelle zu kommen.

Und hierfür ist es wichtig, dein Ziel ganz klar vor Augen zu haben und dich schon so zu fühlen, als wäre dein Wunsch, dein WARUM schon in Erfüllung gegangen.

Die Schwelle, die jetzt auf dich wartet, ist ein zentrales Momentum und kann sehr anspruchsvoll sein, z.B. eine direkte Auseinandersetzung mit einer Entscheidung, die etwas zum Abschluss bringt.
Der Held muss hier nun seine größte Angst bezwingen, es geht um ALLES!

Er sieht sich z.B. mit den folgenden Themen konfrontiert:

* eine Kündigung

* eine Trennung

* Abschied nehmen müssen

* gezwungen sein, endlich Grenzen zu setzen

* Beendigung einer Freundschaft, die auf Lügen aufgebaut ist

* ein Umzug

* eine Heirat

* eine Scheidung

* eine Auszeit (Kloster/Ashram)

Fakt ist: Danach wird nichts mehr so sein, wie es vorher mal war. Im Leben geht es ständig um Transformation und Wandlung. Alles verändert sich, immer und immer wieder. Auch wenn wir sehr an Menschen, Dingen, Gewohnheiten oder Umständen festhalten oder sogar klammern und nicht frei lassen können und wir uns insgeheim vor Veränderungen fürchten und diese partout nicht wollen, so sind genau das die Faktoren, die unser Leben prägen und ausmachen.

Wenn du mal zurück blickst auf die großen Veränderungen deines Lebens, dann kannst du ganz bestimmt auch feststellen, dass es jedes Mal so war.

Jede persönliche Krise brachte einen Neuanfang mit sich, an dem du gewachsen bist.

Deine Persönlichkeit erlangt eine Reife und du wirst jedesmal mehr zum Helden/ zur Heldin - zu einer neuen, reiferen Version deiner Selbst.

Und in dieser Größe stellst du dich nun auf. Du fühlst dich, du spürst dich neu... und so bist du jeder Herausforderung, die sich dir zeigt, gewachsen.

In dieser Haltung kommst du garantiert auch an dem Drachen vorbei...

9 - Der Drachenwächter

Das Reich der Drachen ist das größte Transformationsfeld. Transformation heißt Wandlung —> Wandlung bringt Heilung —> Heilung bringt Freiheit —> Freiheit bringt Glück —> Glück vereint die Liebe.

Der Drache, der sich dir vielleicht auch als »böser« Drache zeigen kann, ist der Wächter zum nächsten Portal. Hier gibt es ein Geheimnis zu lüften.

Es gehört mit zur Prüfung ins nächste Level. Doch wenn du hinter das Geheimnis kommst, ist dir sogar ein Dimensionssprung möglich.

Viele gibt es noch, die kämpfen wollen. Sie setzen sich zur Wehr und wollen den Drachen besiegen.

Jetzt ist Strategie und Köpfchen gefragt, wenn du über die Schwelle zum nächsten Portal gelangen willst.

Das Schwellentor des Drachens

Jetzt ist es soweit - du stehst auf der Schwelle.

Du richtest dich auf, rüstest dich, stellst dich all deinen Ängsten, gehst in deine Kraft. Du erkennst all die Saboteure, den feuerspeienden Drachen, und du stellst dich direkt vor sie, Auge in Auge, um sie zu zähmen und zur Ordnung zu rufen!

Stehe auf... zeige dich ihnen in deiner vollen Größe.

Du lässt dir nichts mehr gefallen... all das, was du zuvor nur geschluckt oder früher - um des lieben Frieden Willens - nachgegeben hast, gehört nun der Vergangenheit an. Faule Kompromisse sind jetzt nicht mehr gefragt.

Jetzt geht es darum,
dass du die Führungsrolle einnimmst!

Wenn du schon mal ganz furchtbares Lampenfieber hattest oder in einer Situation gesteckt hast, in der du überhaupt nicht wusstest, was dich erwartet, dann kennst du diesen leicht kritischen Augenblick, der die Knie weich und die Stimme zittrig werden lässt. Wenn sich das Ganze bei dir jetzt so anfühlt, dann wisse:

Der Höhepunkt des Dramas ist erreicht

Es kann sein, dass dir ziemlich schlecht ist, doch genau jetzt gehst du durch. Manchmal scheint alles verloren, du willst vielleicht schon aufgeben oder dich am liebsten totstellen, doch du weißt: Jetzt oder nie.

Und genau jetzt - am Höhepunkt angelangt - passieren die WUNDER (sofern du dein Ziel wirklich, wirklich, wirklich willst)!

Jetzt kommt genau dieses Lichtlein, das dir den richtigen Weg leuchtet, um dir aus der Dunkelheit heraus zu helfen. Jetzt kommt es zur entscheidenden Wende.

Das ist nicht nur in Filmen so, dass spielt sich auch im richtigen Leben in deinen Veränderungsphasen so ab.

Du selbst drehst jetzt dein Leben um!

Jetzt - in genau diesem Augenblick. Durch dein Durchhaltevermögen, durch deine - auf dein Ziel ausgerichtete - Gedankenkraft. Du wirst praktisch wiedergeboren.

Die Wiedergeburt des Helden!

Ein wahrer Grund zum Feiern!!!

In dieser Stufe fühlst du die Achterbahn, den unsicheren Grund sowie deine Auferstehung. Beides in einem... Das kann dich erst mal ganz schön verwirren :)))

Du checkst es erst mal gar nicht. Weißt nicht genau, wo du bist. Bist du jetzt tot, gestorben... oder was war das denn gerade? Jaa, genau so fühlt es sich an.

Bei Helden, die kurz nach einem schweren Unfall zu mir kamen, ist dieser Zustand auch sehr gut zu beobachten. Sie fühlen sich wie in einer Zwischenwelt. Fragen sich, ob sie das alles nur geträumt haben. Alles fühlt sich unreal und ungreifbar an. Gleichzeitig aber auch sehr, sehr gut.

Ich erinnere mich selbst auch noch sehr gut an dieses Gefühl. Es ist unbeschreiblich.

Ein alter Teil von dir geht, ein neuer erwacht zu neuem Leben.

Nochmals auf den Punkt gebracht:

Diese Brücke können wir wirklich nur meistern, wenn wir uns unserer Verantwortung - für uns selbst - bewusst sind und das Ruder unseres Lebens selbst in die Hand nehmen.

Wir übernehmen die Führung. Wir bestimmen jetzt selbst. Von da an wissen wir, dass wir alles - wirklich ALLES - erreichen können!

Es ist ein tiefes, inneres Wissen, was in uns zur Weisheit verwandelt wird.

Es ist ein zentraler Moment in unserem Leben. Und bei ganz großen Veränderungen wird dir jetzt auch klar, warum du diesen entscheidenden Schritt alleine gehen musstest. Wobei du immer deine(n) Mentor-Begleiter und wahren Freund(e) im Rücken hattest, dennoch ist dieser Schritt einer, der den Alleingang, die Selbst

- und Eigenständigkeit von dir fordert. So wie beim Übergang von Sterben in ein neues Leben eben auch.

Wenn man es ganz genau nimmt, sterben wir also mehrere Tode in unserem Leben. Genauso viele, wie wir auch Auferstehungen haben.

Lange Zeit habe ich Sterbende begleitet. Für mich ist das jedesmal wie eine Geburt, eine Geburt wieder zurück nach Hause. Wir verlassen unseren Körper, gehen über die Brücke und nehmen auch da unseren Schatz in Empfang.

Jetzt aber geht es darum, dein neues Leben (oder deine neue Fähigkeit) zu integrieren. Es wird Zeit, das Leben zu feiern!

Nach jedem erreichten Ziel sollten wir das tun.

Selbst bei jedem Zwischenziel, bei allem, was wir erfolgreich gemeistert, über - oder bestanden haben!

Von nun an beginnt ein neues Leben. Du schreibst dir deine Lebensgeschichte NEU !

Selbstbestimmt - glücklich - leicht und voller Wunder darf es von nun an sein.

Nimm deinen wertvollen Schatz an und genieße ihn. Er gehört DIR!

Nimm dir Zeit, feiere dich und die Potentiale, die du für dich freigelegt hast und freu dich über die Geschenke, die dir dein Schatz bringt.

Je größer und schwieriger die Herausforderung und Wandlung war, desto größer wird die Belohnung sein.

Für den einen ist es z.B. die Prinzessin, die er endlich in den Arm nehmen darf. Für den anderen ist es der König, der aus seinem Schlaf erwacht. Für wieder andere ist es eine Auszeichnung, ein materieller Ausgleich für all die Mühe, all die Geduld und Ausdauer, die der Held oder die Heldin aufgebracht hat.

Das **Helden*Glück** ist ein beliebter Schatz.

Den hatte ich damals bekommen. Nach vielen Jahren der Kinderlosigkeit und Trauer gleich vier an der Zahl. Zum Schluss musste ich doch tatsächlich auch noch dafür sorgen, dass es nicht noch mehr werden, so mächtig war der Energiefluss und meine Empfängnis-Bereitschaft :)

Eine 360 Grad Wende habe ich da hingelegt.

Von der kinderlosen, unglücklichen Frau zur fruchtbaren, überglücklichen Mutter und Empfängnis-Queen.

Wenn das mal kein Grund zum Jubeln ist :)))

Integration

Auf der nächsten Stufe geht es darum, das Ganze in deinem Leben zu integrieren. Ohne die Anerkennung, die Auswertung und das richtige Verarbeiten, kann diese Heldenreise (das jeweilige Thema) nicht ganz abgeschlossen werden.

Aber: Wer einmal eine so große Wandlung durchlaufen hat, wird furchtlos. Alles löst sich auf, fast wie von alleine.

Fast :)

... denn Handeln und Umsetzung sind nach wie vor das A & O.

ALLES! Wirklich alles kannst du verändern und wandeln. Lass dir von nichts und niemandem was Anderes erzählen!

Gesundheit, Liebe und Erfolg sind deine Geburtsrechte. Alles was du dazu brauchst ist in dir.

Spuren der Vergangenheit

Wir haben alle Möglichkeiten in uns, um jegliche Arten von Veränderungen zu kreieren.

Unser System ist mit dem eines Computers vergleichbar. Unser Unterbewusstsein hat - wie auf der Festplatte eines Computers - alle Erfahrungen in Programme gespeichert. Unsere Kindheit spielt hierbei eine große Rolle, ebenso wie unsere Schulzeit sehr prägend für uns ist.

So, wie wir also immer wieder ein Update für unseren Computer machen, ist es außerordentlich hilfreich für uns, wenn wir dies - hin und wieder - auch mit unserem Mindset machen! Denn so vieles, was wir glauben und was für uns zu unserer Realität gehört, ist schon lange veraltet oder sogar fehlerhaft. Das hat zur Folge, dass wir uns verrennen in limitierenden Glaubenssätzen, wiederkehrenden Ängsten oder schlechten Angewohnheiten. Oft werden wir dadurch gestresst und unzufrieden und uns wird deutlich:

Es ist Zeit für ein Update!

Die Erinnerungen aus unserer Vergangenheit sind Speicherungen von Erlebnissen, so wie wir sie damals empfunden, erfahren und gefühlt hatten. Sie waren für unseren damaligen Zustand passend.

Neurowissenschaftler haben jedoch herausgefunden, dass diese überalterten Prägungen zu bis zu 50% nicht länger Relevanz und Gültigkeit haben. Wir halten sie nur aufgrund der emotionalen Erinnerungen als „Realität“ in unserem System gespeichert, und unser Gehirn reagiert dadurch nach einem Programm mit den alten, „bewährten“ Verhaltensmustern, die deine Persönlichkeit ausmachen.

Deine Persönlichkeit erschafft deine persönliche Wirklichkeit. Und unsere Persönlichkeit wirkt sich ganz direkt auf unsere persönliche Realität aus. Deshalb ist es sehr wichtig, dass wir - bzgl. unserer Persönlichkeitsentfaltung - immer wieder einen Realitäts-Check machen und zu den Grundlagen der persönlichen Veränderung zurückkehren!

Das bedeutet: Heldenreise —> Gehe vor auf »Los« und starte noch einmal eine Runde :)

Die Transformationsphasen können dich immer wieder, auch körperlich spürbar, ziemlich herausfordern und müde werden lassen. Viel Wasser trinken hilft hier, ebenso wie Ruhe und Schlaf. Und wenn du für einen stressfreien und möglichst entspannten Alltag sorgst, kommt das dem Ganzen sehr entgegen. Sei dir bewusst, dass Tränen etwas sehr Positives sind. Ein Fluss entsteht, der etwas herausspült. Etwas, was vielleicht schon sehr lange in dir ist und nun endlich gehen darf. Tränen wirken befreiend und tun oft sehr gut. Darum nimm es einfach an, wie es kommt, ohne es zu bewerten.

Auch Traurigkeit ist in dieser Phase durchaus »normal«. Jedes Gefühl, das sich dir hier zeigt, ist ein Geschenk. Es kommt nach oben, um erkannt, angeschaut und befreit zu werden. Denn Transformation bedeutet, es wird etwas gewandelt/um-gedreht. Es wird wieder zurück, in einen ursprünglichen Zustand gebracht. Denn all das, was dich unglücklich hält, ist kein normaler Zustand. Alles was dich in einem Gefühl hält, dass sich schwer anfühlt, darf jetzt gewandelt werden. Hierfür ist diese Phase da. Gehst du also diese Reise bewusst, dann hast du es insgesamt sehr viel leichter in deinem Leben. Denn jegliches Bewusstsein macht dich FREI!

Dir wird nochmals ganz deutlich bewusst, dass du Kraft deiner Gedanken und der unendlichen Lernfähigkeit deines Gehirns, alles erreichen kannst, was du willst. Du weißt: »Ich kann mich - und somit mein Leben - verändern. Ich kann meine Angst auflösen, mein Trauma heilen. Ich kann ein überholtes Verhaltensmuster durchbrechen.«

Mit dieser Erkenntnis hast du alles in der Hand.

Neue Möglichkeiten tun sich dir auf.

Dein persönliches Update hat begonnen mit dem Zeitpunkt, als du Verantwortung übernommen hast und du dich auf zu neuen Ufern gemacht hast. Mit dem Tag also, als du beschlossen hattest, dich auf die Reise zu machen.

Das 3. Portal

Der Portalwechsel, ins nächste Level, steht an.

10 - Der Schatz

Der Schatz im **Portal der Erfüllung** erwartet dich.

Ein schöner Name, findest du nicht auch?

Die Erfüllung ist doch wirklich unsere größte Belohnung! Der Schatz kann ein Geschenk sein, eine Initiation, eine Erkenntnis, eine Frau, ein Mann, ein Kind, ein Partner, Erfolg, Geld, eine Befreiung von jemanden oder etwas, Ruhm, Ehre, Anerkennung oder auch eine Würdigung für all die Gefahren, die du auf dich genommen hast. Nun wird es Zeit, dein Leben zu feiern. Dies machst du am besten nach jedem erreichten Ziel, deinen enormen Anstrengungen zu Ehren. Es ist sehr wichtig und wirklich bedeutsam, dir Zeit für deine Belohnung zu nehmen. Du hast ein wichtiges Ziel erreicht, du kannst es schon sehen, wahrnehmen, daran schnuppern und es genießen. Lange hast du dich auf diesen Augenblick vorbereitet, hast dich gesehnt, nach genau diesem Moment. Jetzt wirst du für all deine Mühen und all deine Geduld und Ausdauer entlohnt.

Jetzt erhältst du deinen Preis, die Anerkennung und Auszeichnung für deine Heldentat, weil du den Prozess der Veränderung erfolgreich durchlaufen hast und deine größte Prüfung, mit dem großen Drachen, abgelegt hast.

Nun geht es über den direkten Weg wieder zurück in deinen Alltag. Am besten nimmst du die »Abkürzung«, hüpfst einfach über diese Schwelle.

Welche Herausforderung gilt es hier zu meistern?

Vielen fällt es schwer, Lob, Anerkennung oder eine Belohnung anzunehmen. Vor allem bei uns Heldinnen ist das Annehmen oft eine Schwierigkeit, die wir üben dürfen. Etwas annehmen zu können ist genauso wichtig wie das Geben. Vielen von uns fällt das Geben viel leichter als das Nehmen. Doch solange Geben und Nehmen nicht in Balance sind, ist der Schiefstand vorprogrammiert (was sich oft auch finanziell auswirkt). Wer immer nur gibt - ohne zu nehmen - gerät in eine »Schluck-auf-Spirale«. Glaub mir, ich weiß, wovon ich spreche. ☺ Das tut dir auf Dauer nicht gut und ist alles andere als gesund. Ich war viel zu lange in dieser Schräglage gefangen und konnte meinen Erfolg einfach nicht schätzen. Ich arbeitete oft hart und wollte stets alles richtig und noch perfekter haben und machen. Solltest du selbst damit ein Thema haben, nimm einfach die »Abkürzung«.

Wie geht das?

Woran erkennst du, dass du zu viel gibst und zu wenig nimmst?

Ganz einfach. Deine Mitmenschen um dich herum spiegeln dir das, indem sie immer mehr von dir fordern und mit NICHTS zufrieden sind. Sie schätzen kaum, was du bisher schon alles getan hast. Es ist ein Selbstverständnis für sie, dass du gut funktionierst und wenn du ihren Erwartungen einmal nicht gerecht wirst, entstehen gerne auch unmäßige Forderungen und alle „gute Arbeit“, die du bisher geleistet hast, ist auf einmal in ihren Augen nicht mehr viel wert. Das trifft dich besonders hart und spätestens jetzt ist es höchste Zeit für Veränderung. Ansonsten ziehst du das Thema noch ewig mit dir rum und drehst noch zig Extrarunden, bis du endlich dein Leben in vollen Zügen genießen kannst.

Tu es FÜR DICH und deine Lebensqualität! Setze dem Ganzen ein Ende und integriere jetzt deinen Schatz, du hast es dir verdient.

Klopfe dir doch mal selbst auf die Schulter und erkenne an, wie viel Wertvolles du bereits in die Leben der Anderen gebracht hast. Doch jetzt bist DU dran. Jetzt ist Zeit für ein neues Motto: »Ich feiere ab sofort mein Leben«.

Du bist dir selbst so wichtig, dass deinen Mitmenschen nichts Anderes übrigbleibt, als dich ebenfalls wichtig zu nehmen.

Jetzt ist es Zeit für die Belohnung. Du darfst die Ernte einfahren. Und nicht nur für die anderen, um die du dich kümmerst, sondern für DICH!

Fazit:

Hier ist dein Schatz. Du hast alle Prüfungen bestanden, bist durch dein Schattenreich gewandert und hast dich deinem größten Schatten (Drachenwächter) gestellt. Du hast die Schwelle überschritten und hast allen Grund, stolz auf dich zu sein. Du freust dich, endlich deinem Ziel so nahe gekommen zu sein. Doch wie integrierst du diesen Schatz nun in deinem Leben? Dies ist jetzt dran!

Nochmals auf den Punkt gebracht

8-tung:

Um das zu bekommen, was dir zusteht, ist es wichtig, deinen Erfolg anzuerkennen, ihn wertzuschätzen und ihn gebührend zu feiern.

Dich selbst zu feiern, mit Glanz und Gloria.

Stolz auf dich selbst zu sein ist wichtig!

Nehme an, was DIR ZUSTEHT!

Auf Zeichen achten

Woran erkennst du, dass du nicht bekommst, was dir zusteht?

—> **wenn sich Dinge wiederholen** wie z.B.

* Du wirst übersehen.
  Wenn z.B. ein Kellner dich ewig warten lässt, dich nicht beachtet oder nicht das bringt, was du bestellt hast …

* Du wirst ständig gestört.
  Während eines Gesprächs, Telefonats, in einem Coaching-Termin (den du bezahlt hast), der Friseur oder die Kosmetikerin rennt ständig ans Telefon während deiner Behandlung... usw.

• Bestellungen kommen nicht vollständig bei dir an oder die Paketzustellung klappt zum xten Mal nicht ...

Kommt so etwas häufig vor, dann schau da einmal genauer hin ... es könnte an der »mangelnden Aufmerksamkeit für deinen ERFOLG« liegen ... und handle entsprechend ;)

Eine Aufgabe dazu lautet:

Das Leben ist ein Fest, darum feiere es!

Mehr brauch ich hierzu wohl nicht sagen :)))

Dein großes Abenteuer neigt sich nun dem Ende zu und so bist du gefragt:

Wie kannst du dich selbst für deine mutige & erfolgreiche Heldenreise verwöhnen und belohnen?

Auch wenn du noch einen Weg zur Integration vor dir hast, so ist ein motivierender Schub sehr kraftspendend. Deine wahre **Helden*Power** kommt dadurch von innen heraus in Schwung.

11 - Integration der Wandlung

Überprüfe, ob du jetzt alles so hast, wie du es wirklich willst.

Manchmal - je nach Themenbereich der Veränderung - ist die Umsetzung im Alltag auch etwas schwerer als gedacht. Du triffst ggf. auf neue Menschen in deinem Leben und die Freunde von früher kommen nochmal, um dein neues Dasein oder deinen Schatz zu begutachten. Nicht jedem gefällt deine Wandlung. Vielleicht hat der eine oder andere sogar ein Problem damit. Wenn du jetzt sicher zu dir selbst - und deinem neuen Leben - stehen kannst, hast du deine letzte Hürde geschafft.

Wenn nicht, wird die Erfüllung noch nicht ganz vollzogen werden können. In diesem Fall läufst du nochmals eine kleine Runde, startest nochmals durch in eine, meist viel kürzere, Heldenreise. Ein weiterer Zyklus, der dir dann die Vollendung und absolute Erfüllung bringen kann.

Wenn Helden ihren eigenen, selbstbestimmten Weg gehen, ist es oft für die Menschen aus seinem direkten Umfeld eine große Umstellung. So kann es sein, dass z.B. die Partner, der Chef, die dominante Mutter, die Freundin, die verwöhnten Kinder usw. erst mal rebellieren und mit dir - und der neuen Situation - nicht gut zurechtkommen. Ein „mi-mi-mi“ gibt`s also immer (egal was du machst). Sie sind dich bisher ja auch ganz anders gewohnt. Vor allem wenn du vorher immer ganz besonders gut funktioniert und du dich stets gut angepasst und eingefügt hast, dann kann es jetzt noch mal zu einer Reibungszeit kommen.

Denn oft denken diese »Partner« noch, es handele sich um eine kurzzeitige Laune und setzen nochmal alles dran, dich »zur Vernunft« zu bringen. Vorher war es doch sehr viel angenehmer mit dir... Für sie allemal. Doch für dich ist jetzt eine andere Zeit angebrochen. Du nimmst selbstbestimmt deine (Führungs) Rolle ein.

Sei dir bitte bewusst, dass das für viele ein großer Schritt ist, vielleicht für dich jetzt auch. Wozu einige meiner Heldinnen neigen ist, dass sie - ihrer vorigen Gewohnheiten entsprechend - sehr hart mit sich ins Gericht gehen. Doch genau das darf sich jetzt ändern. Gerade wir Frauen dürfen - nein ... wir müssen es sogar - uns sehr viel mehr Achtung, Anerkennung und (Selbst)Liebe schenken, vor allem Verständnis und Wertschätzung.

Raus aus dem Druck, der uns enorm stresst. Raus aus dem Besser, Höher, Schneller, Perfekt-sein-müssen-Wettbewerb. Wir sind schon perfekt, so wie wir sind. Wir brauchen diesen ganzen Quatsch im außen nicht. Der wird uns nicht gerecht. Darum: Beugen wir uns nicht länger diesem Druck, den wir uns übrigens selbst auferlegen! Wenn wir uns verändern, verändert sich unser Leben.

Unser Umfeld ist unser Leben... unsere Welt. Alles findet zuerst in uns selbst statt, bevor es sich im außen verändern kann. Das gilt für alle Themenbereiche. Und so ist diese Phase jetzt eine bedeutende, denn grundsätzliche Veränderungen, wollen, dürfen und müssen nun als fester Bestandteil in unser bestehendes Leben integriert werden.

Es geht um DICH… und ab jetzt hältst du selbst das Ruder in der Hand und bestimmst, was zukünftig zu deinem Leben dazu gehört und was nun einfach nicht mehr stimmig ist. Wenn etwas gar nicht mehr passt - das zeigt sich spätestens hier, in dieser Phase - dann darf jetzt auch eine Konsequenz folgen... oder ein neuer, gemeinsamer Weg gefunden werden... oder wie auch immer die beste Lösung für dich aussehen wird.

Fakt ist nur, dass es um DEIN Leben geht und dass DU alle Rechte dieser Welt - dieses Universums - hast, (und sogar die Pflicht!), dass du dir dieses schön, voller Liebe und Freiheit, angenehm, genussvoll und traumhaft glücklich gestaltest.

Wenn DU es nicht machst, macht es keiner für dich (denk daran :)

Und somit gilt es jetzt, das Erlernte oder Errungene in dein Handeln und dein Leben vollständig zu integrieren Manchmal gelingt das leicht und manches Thema hakt noch ein bisschen und braucht etwas länger in der Integrationsphase. Doch sicher ist, dass es zu dir gehört (und Rom auch nicht von heute auf morgen erschaffen wurde). Sei geduldig mit dir, schimpf dich nicht dafür, wenn es nicht gleich klappt. Wenn du merkst, dass du dich womöglich gerade in einem alten Muster, in deiner alten Persönlichkeit, in deiner Vergangenheit verfangen hast, ist das schon ein riesengroßer Erfolg (denn früher wäre es dir gar nicht aufgefallen). Also freu dich eher und vergiss die Erfolgsfeier nicht, denn - du weißt ja - so kommst du sehr viel schneller und leichter da durch! Oh weh... ich habe auf meinem Weg hier sooo viel wertvolle Zeit vergeudet. Glaub mir, das willst du bestimmt nicht so haben. Alleine dadurch, weil ich so streng mit mir war... Darum ist es mir so wichtig, das extra zu betonen! FREUE DICH... auch dann, wenn es nicht so gut geklappt hat... doch du hast es bemerkt und kannst das nächste Mal noch besser agieren.

Agieren ist ein gutes Stichwort Denn ab dieser Phase agieren wir nur noch, anstatt zu reagieren.

Was ist der Unterschied, fragst du?

Eine Reaktion kommt aus deinem Unterbewusstsein und entspringt aus deinen alten Prägungen und Glaubensmustern. Du reagierst auf etwas, was der andere sagt oder tut.

Agieren tun wir BEWUSST. Wir erkennen worum es hier geht. Wir checken mit unserem »Beobachter-Checker-Blick« und handeln, sprechen und tun etwas bewusst auf Grundlage der Situation. Das gelingt uns nur, wenn wir ganz bei uns bleiben und aus dem Bewertungssystem weitgehendst ausgestiegen sind.

Ist also eine Übungssache und klappt in der Regel auch nicht von heut auf morgen. Aber übermorgen sieht es damit schon seeeehr gut aus... und wird von Tag zu Tag, von Situation zu Situation besser...und leichter. Dein gesamtes Leben wird dadurch einfacher. Darum: Es lohnt sich wirklich sehr, an dieser Fähigkeit, die zu deiner neuen Persönlichkeit gehört, bewusst zu arbeiten.

Wenn das Bewusstsein dich einholt

Öfters als gedacht kommt es vor, dass ausgerechnet auf dem Rückweg den Helden das Bewusstsein einholt, dass - obwohl er sein Ziel erreicht hat - irgendwie noch etwas Entscheidendes fehlt. Irgendein Bedürfnis macht sich bemerkbar und breitet sich aus.

Im Leben kann es eine bestimmte Erfahrung sein, die man nun doch nicht gemacht hat, eine bestimmte Begegnung, die noch nicht stattgefunden hat. Vielleicht auch eine Auszeichnung oder Medaille, ein Job, mit einer besonderen Qualifikation, eine höhere Rangordnung oder Position, ein Schatz, der dir noch einen bestimmten »Kick« gibt, eine bestimmte Person, Gruppe, Tätigkeit, welche du jetzt doch unbedingt kennenlernen willst… usw. Oft ist es schwer fassbar und hat auch keine wirkliche Form, doch das Gefühl von »leer« oder »fehlt« schwingt irgendwie noch mit. Es drängt den Helden nun doch noch etwas zu tun, was er vorher nicht als so wichtig empfunden hat.

Es kann sich auch um ein Gefühl handeln, wie zum Beispiel:

* einen inneren Frieden mit jemandem...

* oder Anerkennung…

* oder ein Liebesgefühl...

* Selbstvertrauen...

* eine Klärung, Aussprache…

Es ist irgendwie noch nicht ganz rund, noch nicht ganz genug.

Auf dieser Ebene der Reise wird dem Helden also
durch ein weiteres, inneres Bedürfnis klar,
was sein wahres Ziel ist!

Next Level:

Die Suche nach deinem tiefsten Wunsch beginnt.

Viele Träume haben wir, viele Wünsche und auch Ziele. Einige setzen wir um, andere auch wieder nicht. Oft verrät uns ein Wunsch unsere tiefsten Bedürfnisse, die sich gar nicht so wirklich in Worte fassen lassen.

* Hinter dem Wunsch nach einer anderen Arbeit, einen anderen Arbeitsplatz oder einem anderen Projekt, kann ein tiefes Bedürfnis nach Sicherheit im Leben oder nach Erneuerung stehen.

* Hinter dem Wunsch nach einem lieben Partner in einer festen Beziehung, kann das Bedürfnis nach Selbstliebe und Akzeptanz stehen.

* Hinter der Sehnsucht nach einer Reise kann sich ein Bedürfnis nach Spontanität und Freiheit verstecken.

Versteckte Botschaften findet man hinter den meisten unserer Träume und Wünsche.

Manchmal bemerken wir erst, wenn wir das Gewünschte erreicht haben, dass dahinter noch etwas liegt, was wir uns anschauen sollten.

Jetzt heißt es noch tiefer gehen.

Es erfordert jede Menge **Helden*Mut** von uns, noch ein Stück weiter hinter die Fassade unserer Wünsche zu blicken.

So bist du jetzt an diesem Punkt deiner Heldenreise angelangt, an der eine innere Reise zu deinen tiefsten Bedürfnissen ansteht.

Was sind deine Wünsche und Bedürfnisse?

Wonach sehnst du dich?

Diese vorletzte Phase ist nun die, die über die Umsetzung dieses Schatzes in deinem Leben bestimmt. Schlüpft nun dieser Schmetterling aus dem Kokon heraus? Oder wird weiter geträumt, bis der

Moment kommt, an dem die volle Wandlung wirklich Teil deines wahren Lebens ist?

Oftmals noch ein kritischer Augenblick, ein Schwanken und Wanken. Durch die Erfahrung geht es jetzt in den wahren Geburtsprozess. Kann dieser Schatz in dein Leben kommen und wirklich gelebt werden?

Ein letztes Mal könnten hier nun Ängste und Sorgen an die Oberfläche kommen... ein Bangen, ob dieses »Baby« nun tatsächlich geboren werden kann und Teil deines Lebens wird.

Nur wer voller Vertrauen diese letzten Stufen geht, wird mit erhobenem Haupt - als echter und wahrer Held - nach Hause zurückkehren.

Ein letzter Schachzug, eine letzte innere - und vielleicht auch äußere - Auseinandersetzung damit.

Dein Ziel ist, als neuer Mensch heim zu kehren!

Mit deinem Schatz, den du dir redlich verdient hast. Die Verwandlung läuft auf Hochtouren. Du wirst auferstehen, wenn die Zeit reif ist, das ist sicher!

Manche Themen gleichen einer Wiedergeburt. Es geht hier um DICH, und darum, DU SELBST ZU SEIN!

Dein altes ICH - deine alte Persönlichkeit mit deiner ganzen Vergangenheit - anzunehmen und neu geboren zu werden in deiner neuen Persönlichkeit, in deinem neuen ICH.

So, wie du wirklich bist.

Ohne Masken, ohne Schutzmäntel.

Ja, wir sind ein Teil des großen Ganzen. Doch wir sind auch ein Individuum. Du bist du - ich bin ich. In allen Facetten, einzigartig, brillant. Und wir individuelle Wesen sind stets geschützt und werden geführt. Unsere Intuition weist uns den Weg. Unsere innere Stimme, die in jedem von uns ist. Sie ist ein Teil von uns. Von uns selbst.

In diesem Level wird dein innerer Zugang zu dir selbst enorm wichtig.

Wir haben unser Ziel gesetzt:

Glücklich sein und das Leben
in Leichtigkeit und voller Freude genießen.

Wenn du hierauf den Fokus hältst, geht es gar nicht anders, als dass dieses Ziel Realität wird in deinem Leben ... Außer du zweifelst an dir, was hier jetzt nochmals sein kann. Unser eigener Selbstzweifel ist unser größter Verhinderer auf der Reise. Das ist der, der uns immer wieder drei Schritte zurückgehen lässt, wo der Drache nochmals anfragt, was du wirklich willst.

An dieser Stelle ist Vertrauen dein bester Ratgeber.

MONA'OHA

Hab Vertrauen in dich und in deine großartigen Fähigkeiten. Deine innere Stimme, dein innerer Ratgeber, kennt sich aus und weiß, wie du deinen Schatz nach Hause bringen kannst. Wie du den richtigen Weg zurück nach Hause findest, wie du deinen Schatz wirklich integrieren kannst, um dein Leben in vollen Zügen zu genießen. Das ist der Grund, warum du deine große Lebensreise angetreten hast. Um dein Leben zu genießen... Das ist dein großes, großes, großes Lebensziel!

Es geht darum, du selbst zu sein

In diesem Satz ist alles beinhaltet: Liebe - Glück - Freiheit - Freude - Fülle - Einheit... einfach alles.

In dir selbst liegt alles, was du dir wünschst und was du brauchst. Du brauchst nicht länger im außen zu suchen, alles was du wirklich brauchst, hast du bereits in dir.

Spürst du es nicht?
Dann sorge für die richtige Balance in dir!

Helden*Balance hilft :)

Deine tiefsten Wünsche sind jetzt nicht mehr als Nebenrolle und als Nebenprodukt zu sehen. Denn im Laufe deiner Reise hast du bemerkt, dass dein anfängliches Ziel nötig war, um ein tiefgründiges Lebensziel zu erkennen.

Worum geht es dir wirklich in deinem Leben?
Was ist dir wirklich wichtig?
Wer bist du?
Was willst du tatsächlich?

Auf deiner Heldenreise hast du immer wieder deine Komfortzone überschritten und deinen Charakter und deine Fähigkeiten weiterentwickelt. Deine Persönlichkeit reift ständig, immer weiter und weiter.

Deine Vergangenheit schautest du dir an, nimmst das Wahre davon heraus und lässt das andere frei.

Du hast dir deine Vergangenheit angeschaut, die wertvollen Aspekte herausgefiltert und das, was nicht länger dient, frei gelassen.

Die Veränderung war und ist notwendig für deine Reife, für stetiges Wachstum und deine innere Stärke.

Die Zauberkraft von Freilassen und Verzeihen

Es ist die entscheidende Transformation.

Du - der Held oder die Heldin - handelst nun im bewussten Einklang mit deinem Ziel und all deinen Bedürfnissen, die du erkannt und angenommen hast.

An dieser Stelle werden jetzt alle deine Konflikte bereinigt. Wo vorher noch Groll, Ärger und alte Wunden schmerzten, wird nun alles von dir angenommen, akzeptiert, verziehen und losgelassen.

Das geht oft auch nicht von heute auf morgen. Doch wer so weit wie du gekommen ist, schreckt jetzt davor auch nicht mehr zurück.

Dein innerer Kompass sagt dir, was der Sinn deines Lebens ist, und dass deine großen Fähigkeiten und Talente nicht umsonst in dir - durch dein bisheriges Leben - so ausdauernd und fleißig trainiert wurden. Es geht nun um deinen Lebensschatz, die Ernte, deine Geschenke für dich und dein Leben!

Du darfst nun deiner persönlichen Natur entsprechend leben!

Ganz frei, leicht und voller Freude.

Gehst du zum Beispiel einer Tätigkeit nach, die deinen Talenten entspricht, geschieht das Handeln aus deinem Inneren heraus. So ist Arbeit nicht wirklich Arbeit für dich, denn du bist in Freude. Und wenn wir in Freude sind, ist der Flow eine sichere Folge davon.

Folge deinen Impulsen. Tue das, was sich für dich richtig anfühlt. Für einen anderen kann sich das nicht richtig anfühlen, doch das macht ja nichts. Es ist ja dein Weg, es ist dein Leben, und somit ist dein Gefühl dazu entscheidend.

Vertrauen - Vertrauen - Vertrauen... das ist jetzt dran Vertraue dir selbst. Übergebe die Führung an die höhere Instanz IN DIR! Fühle, was diese Stimme dir sagt. Stelle dich zur Verfügung und folge deiner Stimme, die mit deinem Herzen verbunden ist. So kannst du nur den richtigen Weg für dich finden. Alles andere geht nicht.

Was es wirklich heißt, die innere Führung abzugeben, habe ich erst später verstanden. Zuerst sind es nur Worte, der wirkliche Sinn dahinter gilt es in einem späteren Bewusstseinszustand zu erkennen. Hierzu schreib ich in Band 3 der Helden-Reiseführer-Serie, wenn es um Intuition und Integration des Schatzes geht.

Was immer gilt ist: Vertraue!!!

Auch Goethe schrieb: »Ich habe keinen Zweifel: Es gibt etwas Höheres, was unsere Welt im Innersten zusammenhält« (Zitat aus Faust).

Alles, was wir im außen versuchen zu finden, werden wir nur in unserem Inneren finden. Ganz gleich, ob es Glück ist, ob es Liebe ist, ob es Freiheit oder was auch immer ist. Niemals im außen... immer erst in uns selbst.

Und wenn wir es dann in uns gefunden haben, dann ziehen wir das Passende - wie einen Magneten - zu uns.

Diese kosmischen Gesetze machen alle Sinn, nur die richtige Reihenfolge sollten wir dabei unbedingt beachten und einhalten!

Versuch es einmal mit einer Frage.

Stelle dir selbst - in deinem Inneren - eine wichtige Frage, von der in deinem Umfeld keiner weiß. Am besten, du schreibst sie dir in dein Heldenbuch, damit du sie nicht vergisst.

Dann sei die nächsten Tage aufmerksam und schaue mal, was da alles auf dich zukommt.

In Unterhaltungen... in Zeitschriften... im Fernsehen... bei zufälligen Gesprächen auf der Arbeit... auf Plakaten... im Kino... usw.

Du wirst erstaunt sein über die Synchronizität...

... und über die Beantwortung deiner Frage, die ebenfalls auf diese Art und Weise zu dir kommen kann.

Fragen könnten z.B. sein:

* Was kann ich tun, um auf dem schnellsten Weg mit meinem »Schatz« (Job, Frau, Partner, Auto, Garten...) ans Ziel zu kommen?

* Wie integriere ich ... (den Schatz) am besten?

* Wie komme ich leichter ans Ziel?

* Gibt es einen einfacheren Weg für mich?

* ...usw.

12 - Jedes Ende birgt einen neuen Anfang

Juhuuu... geschafft!

Auf deiner Heldenreise bist du so enorm gewachsen und vereinigst dein Alltagsleben mit dem neu gefundenen Wissen, den Weisheiten und Menschen, die dir JETZT wichtig sind. Auch lässt du die Gesellschaft an deinem neuen Leben teilhaben. Und weil du so enorm viel gelernt hast auf deiner Reise, wirst du nun - ggf. - ebenfalls zu einem Mentor für diejenigen, die die gleiche Wandlung wie du vor sich haben. Als Unterstützer für all die Menschen, die ebenfalls weiter in ihre wahre Größe und in ihre Fähigkeiten, Stärken und ihre wertvollste Persönlichkeit wachsen wollen.

Was sehr auffällt ist, dass du nun deine inneren Qualitäten wie Liebe, Freiheit, Geduld, Selbstbestimmung, Weisheit... usw. aus einer höheren Perspektive heraus wahrnehmen kannst.

Du hast ein neues Level erreicht!

Manchmal ist der größte Gewinn einer Heldenreise der, dass der Held zu Hause etwas von SICH SELBST zu erzählen hat.

Ein anderer kehrt mit seiner Frau heim... Eine andere ist nun in einer leitenden Position tätig ... Ein Projekt im Ausland, auf das er schon so lange hin gearbeitet hatte...

Ende gut - alles gut, heißt es hier...

Doch was ist, wenn es noch nicht gut ist?

Ganz einfach: Dann ist es auch noch nicht das Ende!!! Dann fehlt halt noch ein wichtiges Puzzleteil zur Vollendung.

Es kommt schon mal vor, dass der Held genau zum Finale den gleichen Fehler wie ganz zu Anfang macht ... Wirklich wahr, das ist gar nicht so selten, wie mein Heldenalltag in der Praxis zeigt :) Prompt tappt er - oder sie - nochmals in die gleiche Falle „Ja hat der denn gar nichts gelernt?" könnte man jetzt denken, doch weit gefehlt!

Es zeigt ihm nochmal sein altes ICH, seine alte Persönlichkeit auf, die er noch einmal für sich reflektieren darf Bisher haben nämlich alle Helden sich daraufhin postwendend bei mir gemeldet und erzählten mir detailgetreu, was sie für Mist gebaut haben.

„Was machst du das nächste Mal anders?" frage ich sie dann. Worauf der Held mir - bzw. er sich selbst - die perfekte Antwort liefert... Ein nächstes Mal gibt es dann - in der Regel - gar nicht mehr. Und wenn doch, (geschieht ganz selten :) dreht er halt nochmal eine Runde, ist doch auch nicht so schlimm. Er weiß ja jetzt, wie es geht!

Manche neuen Gewohnheiten müssen einfach richtig gut trainiert werden... und Einsicht ist der perfekte Schritt zur Besserung.

Auch die weisen, reifen, fortgeschrittenen, klugen und mutigsten Helden stehen immer wieder gerne mal vor den gleichen Themen, aber die Art, wie sie sie angehen, verändert sich ganz enorm. Von Level zu Level werden sie reifer und erfahrener. Es geht immer ein Stückchen weiter und tiefer... vor allem, wenn es darum geht, DU SELBST ZU SEIN und deinen EIGENEN WEG zu gehen!

Unser Potenzial ist fast unerschöpflich und wir können immer weiter wachsen. ☺

Nach einer großen Reise, die sehr anstrengend war, kann es sein, dass der Held - nach anfänglicher Euphorie - auch mal in ein Loch fällt. Seine große Reise, sein großes Abenteuer ist zu Ende, das neue Drehbuch ist geschrieben.

Das gute Ende

Das Ziel der Reise ist erreicht. Und nun... ???

„Nach dem berauschenden Applaus, wenn es so ruhig wird, da draußen vorm Vorhang, dann fall ich meist in eine Art Leere“... so beschrieb es Udo Jürgens bei seinem letzten Konzert in Zürich.

Worte, die mich immer an die Heldenreise erinnern, wenn nach dem letzten Akt der Vorhang fällt... und der Alltag wieder einkehrt.

Es ist zwar anders als vorher, manchmal auch eine enorme Veränderung, doch auch diese wird zur normalen Gewohnheit werden. Was dann?

In unserer Gesellschaft fürchten wir uns oft, unsere Zeit nicht »sinnvoll« genug zu nutzen. Langeweile kommt auf. Doch, wenn wir in uns gehen (was der Held ja jetzt kann) und uns an unsere Kindheit erinnern (dessen Verletzungen wir aufgelöst haben), dann fällt uns auf, dass wir uns als Kinder seltenst gelangweilt haben, oder? Uns ist doch immer was eingefallen, in unserem Abenteuerland! Wer die Langeweile aushalten kann, erweckt dadurch seine Kreativität wieder.

Das habe ich bei unseren Kindern festgestellt, wenn wir in unserem Waldhaus waren. Einsam und autark, mitten im Wald gelegen. Ohne Internet, Handynetz und nur eine begrenzte Stromversorgung. Erst, als die Langeweile durchbrochen war, wurde die Kreativität unserer Kinder so aktiv, dass plötzlich Angelplätze, Stege, ein Wildschwein-Beobachtungs-Hochsitz, ein Teichhaus am Fischweiher und und und entstanden sind. Unsere vier Kids entdeckten auf einmal - miteinander - wie TEAMWORK funktioniert ... perfekt. In Langeweile steckt also ein enorm großes Potenzial, wenn man es aushält, ohne sich wieder mit Handy oder Sonstigem abzulenken. Dieser Leere Raum geben, um den dann kommenden Impuls entsprechend wahrnehmen zu können. So erwacht die Kreativität in dir.

So eine Leere - auch *Stille* genannt - hat also großes Potenzial ☺

Da entsteht wieder etwas ganz Neues ... Neue Ideen ... neue Ziele... neue Inspirationen... neue Wünsche… neue Träume… zur Umsetzung bereit.

Unsere Welt ist so wunderbar, und es gibt so unendlich viel darin zu erfahren und zu entdecken!

Helden reisen um die Welt

Nun stell dir vor, es ist etwas Zeit vergangen.

Der Alltag schleicht sich schon wieder ein und obwohl alles gut ist, merkst du, dass du weiterreisen willst. Es muss doch noch etwas Anderes geben... oder noch etwas tiefer gehen... oder in einem anderen Bereich muss das doch auch möglich sein... So gibt es immer wieder einen Ruf in uns. Einen, der uns noch tiefer und inniger zu uns SELBST führen will. Immer wieder gibt es was Neues zu erfahren, etwas Neues zu erkunden, zu erforschen und zu entdecken. So kann es ein alter oder auch ein ganz neuer Ruf sein, der uns wieder auf Reisen bringt. Etwas Neues will gelernt, ein neuer Gipfel erklommen, ein neuer Pokal oder eine Medaille gewonnen oder ein ganz neues Ziel erreicht werden.

Und so geht es ständig weiter... und weiter... und weiter... Unsere Reise endet nie.

So gibt es verschiedene Arten von Helden, die unterschiedliche Ziele haben.

Das bedeutet, dass jeder Held nach seinen Erfahrungen auf der Heldenreise zu Hause nicht unbedingt ein völlig Fremder geworden sein muss. Doch wenn es um das eigene Selbst geht, ist eine große Veränderung deutlich spürbar. Wenn etwas viel Anstrengung gekostet hat oder sogar unsere ganze Existenz einmal komplett auf den Kopf gestellt hat, dann braucht es zur Integration mehr Zeit, als wenn es nur um eine kleine Veränderung geht. Logisch, gell!

Dann kann es sein, dass es Zeit fürs Aufarbeiten braucht.

Manche Helden ziehen sich in dieser Phase gerne ein wenig (oder auch ganz) zurück. Sie brauchen Zeit für sich. Sie haben ein großes Bedürfnis nach Ruhe, innerem Frieden, Meditation, Inneschau, Ausgleich und ein Leben im Einklang mit der Natur.

Wenn sie sich zurückziehen, können sie eine noch tiefere Ebene ihrer Heldenreise erleben. Sie durchleuchten und reflektieren ihre Entwicklung unabhängig von ihrer Außenwelt, aus einem Blickwinkel, der bisher verschlossen blieb.

Gestatten sie sich diese »Auszeit«, werden sie, wenn die Zeit reif ist, erfüllt und in neuer Form wieder »auftauchen« und ihren Platz wieder einnehmen.

Für manche Angehörige ist dies schwer zu verstehen. Sie machen sich oft große Sorgen.

Aus diesem Grund hier der Hinweis:
»Keine Angst, das gehört mit zu dem Prozess«.

Es geht hier um den Helden/die Heldin... und hat (meistens) gar nichts mit seinen Mitmenschen zu tun!

Was, wenn es mehrere Anläufe braucht?

Es gibt auch die Helden, die nach ihrer Reise jetzt lieber zu Hause bleiben. Sie genießen es, dass sie wieder in ihrem Lebensbereich sind, in dem sie sich sicher und geborgen fühlen.

Doch ganz gleich, ob eine weitere, neue Reise ansteht, ob Rückzug angesagt ist, oder der Held lieber gemütlich sein Zuhause genießt, oft ist die größte Herausforderung von ALLEN, dass am Wohlbefinden und am Glücklich sein gearbeitet werden muss.

Es ist wie ein innerer Antrieb und der Held will sich daran erinnern, wie Glücklich sein und Wohlfühlen funktioniert, da in der Vergangenheit oft dicke Mauern errichtet wurden, die vor Enttäuschung, Verletzungen und Verlust schützen sollten.

Manche Helden stellen sich in dieser Phase auch anderen zur Verfügung, die sich auf einer ähnlichen Reise befinden und durch das Teilen der Erfahrungen entsteht eine Synergie (das Zusammenwirken von Lebewesen, Stoffen oder Kräften im Sinne von »sich gegenseitig fördern«), die ALLEN dient.

Die letzte große Aufgabe

Die letzte große Aufgabe, fordert den Helden aktiv auf, etwas für sein Wohlbefinden zu tun.

Was macht ihn glücklich?

Die meisten meiner Helden denken in diesem Fall jetzt nicht an die riesig großen Dinge im Leben, doch hier sind eher die kleinen, die sogenannten Glücksmomente gemeint. Mitten im Alltag, denn das sind die, die viel zu oft vergessen oder übersehen werden.

Tipp:

Nutze hierfür dein Helden-Journal und notiere jeden Tag deine Glücksmomente.

Was ist es, was dir einen Glücksmoment schenkt?

Bei mir ist es ein Buch, in das ich versinken kann... die Zeit der Ruhe und Stille, die ich mir gönne ... das sehr warme, wohlduftende Schaumbad im Whirlpool ... in der Sauna schwitzen ... die Tasse Tee oder auch Kaffee, die mir von meinen Liebsten ans Bett gebracht wird... ein Treffen mit Freunden... gute, tiefsinnige Gespräche... philosophieren... träumen... meditieren, auf innere und äußere Reisen gehen... am Strand spazieren, die Wellen beobachten ... in einem Café sitzen und neue Menschen kennenlernen...

inspirierende Buchrecherchen … an einer neuen Buchidee tüfteln… etwas Neues dazulernen... meine Kinder glücklich und fröhlich zu erleben... in schönen Erinnerungen schwelgen... usw.

In den schönen Erinnerungen sitzen übrigens unsere besten Glücksmomente. Unser Gehirn weiß nicht, ob das, was wir erleben, gerade stattfindet oder ob es eine Erinnerung ist oder aber bisher nur in unseren Gedanken existiert. Es kennt nur das Gefühl dazu und lässt - daraufhin - unwillkürlich spontan Glückshormone ausschütten.

Genial, findest du nicht auch?

So ist das Schwelgen und Träumen eine sinnvolle Beschäftigung, dass dir jede Menge Glücksmomente schenken kann!

Glücksmomente bedeutet: High Energie.

High Energie bedeutet: Fließende Fülle, in jeglicher Form.

Nun gibt es nichts weiter zu tun, als dich zu entspannen und zu »integrieren«. Die Eindrücke, die Erfahrungen und wertvolle Geschenke an Erkenntnissen, die du auf deiner Heldenreise gesammelt und gewonnen hast, sind wie das Topping auf einem Cupcake.

Manchmal schmeckt der Cupcake am nächsten Tag besser als an dem Tag, an dem er gebacken wurde. Das Durchziehen gibt erst den richtigen Kick und Pfiff. Oft dauert es also auch eine Weile, bis der Held registriert, was er auf seiner Reise alles geleistet hat.

Glaub mir, hiervon kann ich ein Lied singen. ☺

Wir würdigen uns selbst oft viel zu wenig für den steilen Weg, den wir bereits erfolgreich gegangen sind.

Dabei ist es eine großartige Leistung, die hier gemeistert wurde!

Nochmals auf den Punkt gebracht:

Es gibt also nichts weiter zu tun, als zu genießen.

Es bewusst anzunehmen und zu würdigen - uns selbst dafür zu achten und zu loben und wertzuschätzen, was wir hier geleistet haben.

Genieße das Leben, in allen Facetten. Wertschätze dich und deine Reise. Sammle Kraft, ruhe dich aus... bevor du die nächste Heldenreise ansteuerst... oder dich ein neues Abenteuer ruft .... Höre darauf ☺

Und erwarte - von nun an - stets nur das Beste, das Größte, das Schönste und das Herrlichste, was du dir vorstellen kannst.

Das Leben ist eine Reise

vom Unbewussten bis zum höchsten Bewusstsein

Um das Spiel - das Leben heißt - näher zu beschreiben, bietet die Heldenreise eine geniale Grundlage.

Denn, wie du bereits weißt, folgt jede Veränderung einem gleichen Prinzip, einem immer wiederkehrenden Zyklus. Das Ziel ist die Vollendung.

Und wir Menschen sind diesem Zyklus angeschlossen und verändern uns gerade sehr. Jeder einzelne für sich und wir alle in einem Kollektiv.

Eine globale und weltumfassende Veränderung findet gerade statt und wir alle sind mittendrin. Keiner kann sich rausnehmen.

Da viele Menschen noch im »Opferbewusstseins-Level« sind, haben sie sehr viele Themen des Mangels in sich. Sie kämpfen mit Schreckgespenstern, die hauptsächlich durch Gedanken in ihrem Kopf ausgelöst werden. Diese Veränderungen, die im Moment weltweit stattfinden, machen ihnen Angst. Sie wissen nicht, was geschieht. Sie sorgen sich um oberflächliche Dinge und erleben - aufgrund ihrer Angst - immer wieder genau das, wovor sie sich ängstigen. Sie werden bestätigt in ihrem Denken, im Fühlen und in ihrer Furcht.

So ist das Gesetz.

**Du wirst IMMER in dem bestätigt,
was du denkst und fühlst!**

Dein Umfeld zeigt es dir, es reflektiert dich.

Du erkennst es am Verhalten der Menschen, an Situationen, Ereignissen, Geschehnissen, die sich in deinem direkten Umfeld abspielen usw.

Ab hier beginnt dein neues Leben

Weißt du was ich festgestellt habe?

Je tiefer ich bei mir ankomme, desto mehr kann ich mir vorstellen. Es ist wie ein Sog. Es eröffnet mir immer mehr und mehr Horizonte, Türen öffnen sich und immer mehr Möglichkeiten entstehen. Ich erkenne sie und bin neugierig und gespannt darauf, sie zu erforschen und zu erfahren. Es ist unfassbar und unbeschreiblich.

Wie ist das bei dir?

Hindert dich noch irgendetwas daran, immer tiefer bei dir selbst anzukommen? Wenn das so ist, erforsche, ob dich das, was da blockiert, sich schwer oder leicht anfühlt. Wenn es da eine Schwere gibt, dann löse sie auf, wandle sie einfach um.

Frage dich doch mal: „Was wäre, wenn es kein Richtig und kein Falsch gäbe?“

Was, wenn du NICHTS richtigmachen musst und du einfach nur das, was für dich gut funktioniert, umsetzt?

Was wäre, wenn du nichts von dem, was du irgendwann einmal in der Schule oder allgemein in deiner Vergangenheit gelernt hast, als »falsch« einstufen müsstest, sondern es einfach nur so annehmen könntest, wie es war? Es war, wie es war - und es ist, wie es ist.

Was du jetzt draus machst, ist das Entscheidende! Denn dein JETZT bestimmt deine ZUKUNFT.

Wie wäre es also, wenn du alles Gelernte einfach jetzt so annimmst, wie es ist und alles Neue, was gebraucht wird, hinzufügst. Die Essenz daraus und das, was sich für dich leicht anfühlt, das nimmst du, weil es für dich funktioniert!

Wie wäre es also, wenn du dich fragen würdest:

„Was kann ich jetzt noch meinem Leben hinzufügen, damit ich ganz leicht mein Ziel erreichen kann?"

So sind wir nun beim letzten Abschnitt angelangt, dem schönsten Teil, denn jetzt ist die Zeit gekommen, in der du deine Ernte einfahren kannst. Der Schatz liegt vor dir, zum Greifen nah. All die Mühe hat sich gelohnt.

Wie es jetzt weitergeht, hast DU nun selbst in der Hand.

Rad des Lebens

Wenn wir uns Filme betrachten, stellen wir fest, dass alle Geschichten meist gleich aufgebaut sind.
Es gibt einen Helden, der die schöne Prinzessin gewinnen will. Dazu muss er verschiedene Herausforderungen meistern, meist noch ein oder mehrere Ungeheuer besiegen und diverse Prüfungen bestehen.
Am Ende der Geschichte kehrt er als Held zurück, bekommt die Prinzessin und sie leben glücklich und zufrieden bis an ihr Lebensende!

Herrlich! Genauer betrachtet ist es wie im wirklichen Leben.

* Der Held ist mutig, ehrgeizig, bewundernswert, draufgängerisch, unbeirrt, zielorientiert und siegessicher.

* Die Prinzessin ist wunderschön, liebenswert, oft auch reich und jeder will sie haben!

* Das Ungeheuer ist angsteinflößend, groß und scheinbar unbezwingbar!

Helden denken nicht darüber nach zu scheitern!
Sie ziehen hinaus in den Kampf, siegessicher, das Ziel (den Schatz) fest vor Augen. Entgegen aller Widrigkeiten und Herausforderungen (Ungeheuer) schreiten sie voran, meistern ihre Prüfungen, kehren dann ruhmhaft zurück und bekommen ihren Lohn.

Wir alle sind Heldinnen und Helden.
Täglich haben wir diverse Aufgaben zu meistern.
Mal kleine, mal große.

Und was hat das jetzt mit dir zu tun?
Ganz einfach!
Sei du der Held - oder die Heldin - deiner eigenen Geschichte!
Deiner ureigenen und ganz persönlichen Lebensgeschichte, meine ich. Du schreibst sie! Deine eigene darf und soll es sein. Nicht die deiner Mutter, nicht die deines Vaters oder Großvaters. All das Erbe, was von uns *Kindern* gerne alles noch so mitgetragen wird, dürfen wir ablegen. Denn all dies entspricht der alten Geschichte, deine Vergangenheit, die in deinem silbernen Buch steht. Doch nun liegt dein neues Buch vor dir, das goldene. Was du hier reinschreibst, bestimmt deine Zukunft!
Wenn du ein Ziel hast, dann habe den Mut, darum zu kämpfen, für dieses einzustehen, dranzubleiben, durchzuhalten. Sei es mehr Geld, mehr Zeit, mehr Lebensqualität, einen bestimmten Mann, eine lang ersehnte Frau, glückliche Beziehung, erfüllte Partnerschaften, Arbeit, Ausbildung, ein Kind, Familie... usw. Das gilt für alle Bereiche deines Lebens. Was immer es ist, wonach du dich sehnst, es wird sich für dich lohnen. Es darf sich erfüllen. Jetzt - nicht irgendwann. Jetzt!
Dein Mut wird belohnt werden!

Nur du selbst weißt, was für dich wichtig ist!
Geh raus und hol es dir! Egal wie viele Ungeheuer - Schwellenwächter und Drachen - dir auf deinem Weg begegnen. Du kennst ja jetzt ihre Rolle!

Besinne dich auf dein Ziel, geh deinen Weg unbeirrt weiter und dein Lohn ist dir gewiss!

So enthält deine große Lebensreise, die eine grundlegende ist und dein Leben bestimmt, mehrere Bereiche.
Die Bereiche gliedern sich auf im ***Rad des Lebens***.

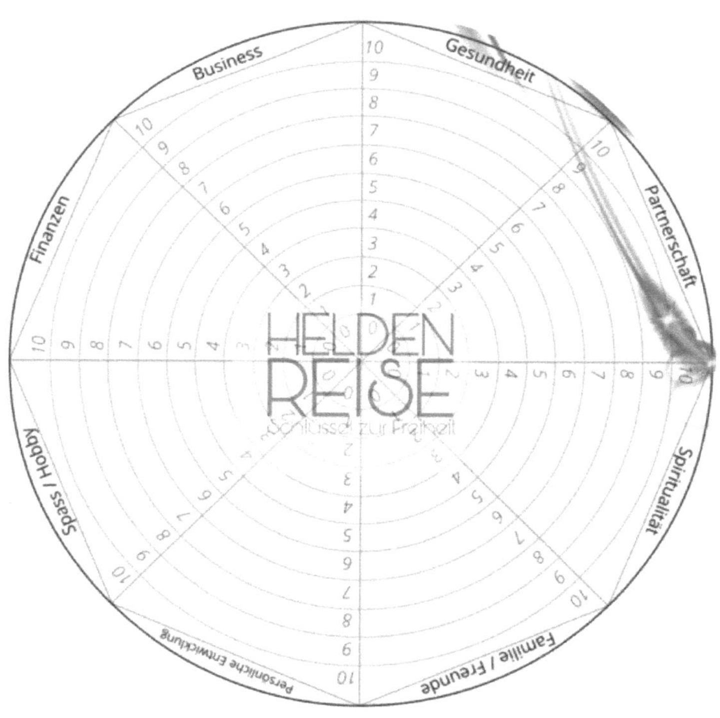

Der Lebens *Check*

Schritt 1: Schau dir das Rad des Lebens an und lasse die einzelnen Bereiche auf dich wirken. Der Check unterteilt sich auf einer Skala von 1-10 in den Bereichen: Gesundheit - Partnerschaft/Liebe - Spiritualität (Selbstfindung) - Familie - Freunde - Persönliche Entwicklung (Persönlichkeit/Ausstrahlung) - Spaß/Hobby - Finanzen - Arbeit/Business.

Schritt 2: Bekomme jetzt den Kopf frei. Geh eine Runde an der frischen Luft spazieren, mache eine Atemübung, geh ins vereinigte Chakra (deine Mitte) oder gönne dir eine gute Tasse Tee und schau eine Weile aus dem Fenster.

Schritt 3: Nimm nun den Lebens Check und einen Stift und check - für dich - jeden Lebensbereich.

Dabei steht die

* 1 für *MIESe Brise*
* und die 10 für *GIGANTISCH gut*.

Mache ein X oder male den Bereich mit einem bunten Stift aus - zügig und ohne groß darüber nachzudenken. Frei aus dem Bauch raus.
Bitte sei absolut EHRLICH mit dir.
Niemand außer dir wird es je erfahren!!!
Es geht lediglich um DICH und DEIN empfinden!

Schritt 4: Soweit so gut. Jetzt kommt der ENTSCHEIDENDE Schritt, (den die meisten Leute oft durcheinanderbringen).

Die MAGIE des Rades liegt darin, dass du dich von nun an dem Lebensbereich widmest, der am WENIGSTEN Punkte hat... der Bereich also, der von dir am geringsten beliebt ist.

Bei Punktgleichheiten entscheide dich für einen, bzw. lege eine Reihenfolge für dich fest, welcher der gering eingestuften Bereiche du als erstes anpacken möchtest.

Als zweiten Fokusbereich wirst du (in den nächsten Wochen) dann selbstverständlich den Bereich nehmen, in dessen Bereich du weiterkommen möchtest.
Aber es ist absolut ESSENTIELL, dass du auch an dem Lebensbereich arbeitest, der am wenigsten läuft.
Ein Beispiel:
Wenn der Lebensbereich „Partnerschaft (Liebe)“ in deiner Bewertung besonders wenig Punkte hat, wenn dieser Lebensbereich dich also unglücklich macht (sei es, weil du Stress mit deinem Partner oder Partnerin hast oder du dich einsam fühlst oder weil du gar keinen Partner hast... usw.) darfst du dich nun diesem Lebensbereich widmen.

Überleg dir, was du JETZT dafür tun kannst, um diesen Lebensbereich zu verbessern! Denke in kleinen Schritten! Es sind oft die kleinsten Gewohnheiten, die den größten Unterschied machen.

In Folge dessen: Wenn du glücklicher in deiner Partnerschaft bist, werden sich ALLE anderen Lebensbereiche von ganz allein mit verbessern! Das ist pure MAGIE.

So fasse ich dir hier nochmals zusammen, wie du diese Veränderungsphase ganz bewusst angehen kannst.

Der Helden-Plan

Du hast gerade deinen Lebens-Check gemacht. Nun gehen wir einen Schritt weiter.

1.) Mache dir nun bewusst, **WAS DU WILLST** für dich und dein Leben.
In jedem Bereich wie: Gesundheit - Partnerschaft - Liebe - Spiritualität (Selbstfindung) - Familie - Freunde - Persönliche Entwicklung (Persönlichkeit/Charisma - Spaß/Hobby - Finanzen - Arbeit/Business.

Beginne mit dem Bereich, der am wenigsten Punkte in deinem *Lebens-Rad* von dir bekommen hat.

2.) Dann finde heraus, **WARUM** du das möchtest!

3.) Daraufhin setze dir jetzt konkret dein großes **Ziel** und gliedere es ggf. auf in kleine Zwischenziele.

4.) Selbst - BEWUSST-SEIN - sei dir bewusst darüber:

—> Der Weg ist das Ziel.

—> Genieße deine Reise so gut wie möglich.

—> Behalte dein Ziel stets im Auge und FÜHLE !!!
(Das gute Gefühl ist der pure Prozessbeschleuniger)

—> Sei offen für ALLES und beobachte aufmerksam deine äußere Welt, die dir viel über deine innere Welt verrät.

—> Mit Bewusstsein gelingt es dir, die Rollen zu erkennen, welche deine Mitmenschen auf deiner Lebensbühne spielen.

Mach dir nochmals bewusst:

Im Veränderungsprozess gibt es IMMER

* mindestens einen Mentor (Helfer und Unterstützer)!

* ein oder mehrere Schwellenwächter (die dich davon abhalten möchten, dass du etwas in deinem Leben oder an dir selbst veränderst.)

* einen Drachenwächter (der den Schatz - das Geschenk, das du für deine Veränderung erhältst - hütet.)

* es ist möglich, dass dieser Drachenhüter weitere Kollegen hat.

* alte Freunde gehen - neue Freunde kommen.

* oft gehören auch Familienmitglieder zu den Schwellenwächtern, bzw. treten als Drachen auf.

Nochmals auf den Punkt gebracht

8-tung:

* *Letztendlich ist jede Transformation positiv, sie bringt dich ich in die Freiheit!*

* *Jede Veränderung folgt einem Prinzip und ist ein in sich geschlossener Zyklus.*

* *Je bewusster und spielerischer du an eine Veränderung herangehst, desto leichter und einfacher wird sie für dich sein!*

* *Je klarer du deine Träume, Wünsche und das Ziel fokussierst und fühlen kannst, desto schneller wirst du dieses Ziel (Level) auch erreichen.*

* *Nimm's leicht und reise bewusst.*

Das ist die Heldenreise!

Deinen eigenen Weg gehen, dein Leben genießen, ganz du selbst sein - frei und leicht - das wünsch ich mir für dich!

Ein Tipp im Umgang mit Stolpersteinen

Solltest du gelegentlich vielleicht das Gefühl haben, du hängst fest oder es geht nicht mehr weiter, dann gibt es für dich eins zu tun:

Es gilt zu feiern!

FEIER DEIN LEBEN... und all das, was du darin schon erreicht hast.

Bitte mach das auch, wenn es gerade alles andere als gut läuft. GERADE DANN erinnere dich an all das, was bislang gut gelaufen ist. Beschäftige dich mit den Erfolgen (und nicht mit dem Stolperstein!!! - WICHTIG!!!)

Jetzt ist es Zeit zu erkennen, dass DU SELBST nicht die »Blockade« oder das »Hindernis« bist. Du bist nicht, was dich festhält. Dir wird bewusst, dass diese »Bremse« und »Fesseln« etwas ANDERES sind, als du bist.

Sie sind für dich jetzt wahrnehmbar, weil sie zu deiner alten Persönlichkeit gehören.

Mit dem, wie du sie wahrnimmst, löst du sie auf. Du nimmst sie an und lässt sie einfach wieder gehen. Ohne Bewertung. Manchmal braucht es eine kurze Zeit, doch sie machen nichts mehr mit dir.

Du löst dich einfach wieder davon, sollte dich deine alte Form einholen.

Mache dir dann einfach wieder bewusst:

Du befindest dich an der Schwelle von Widerstand und Abwehr. Vielleicht klopfen auch die Schwellenwächter wieder mal an. Doch das macht nichts. Du erkennst sie - ohne sie zu bewerten - und lässt sie einfach auch wieder ziehen.

Frag dich (wenn du stolpern solltest):

* »Wie kann ich alles auflösen, um dann alles zu bekommen?«

Und

* »Wie oder was möchte ich jetzt gerne sein/machen/ haben/entwickeln/kreieren, was über all das hinausgeht?«

Dein Bewusstsein ist jetzt darauf ausgerichtet, dass du bereit bist, abzuheben. Deshalb FEIERE! Feiere, dass du diese Stolpersteine oder Verwicklungen so klar erkennst. Die Schwellenwächter haben so einfach keine Chance mehr, verstehst du? (Außerdem mögen sie diese hohe Feier-Energie nicht... glücklich sein ist für sie irgendwie gar nicht stimmig :)

Diese Bremser zeigen dir jetzt lediglich, was du freilassen kannst, weil es nicht (mehr) zu dir gehört!

Jedes Ende ist gleichzeitig ein neuer Anfang

Nun sind wir am Ende angekommen und du hast die Heldenreise erfolgreich durchlaufen. Du hast den Ruf gehört, bist gestartet. Hast verschiedene Rollen und Archetypen kennengelernt, die für einen Veränderungsprozess wichtig sind: Den Mentor - die Schwellenwächter - die Gestaltenwandler - die Drachenwächter, die dich mit deinen Schattenseiten in Verbindung bringen und dich vor die größten Prüfungen stellen, bevor du zum Schatz kommst, den sie zuverlässig und treu (für dich) hüten.

Die Integrationsphase ist eine ebenso wichtige, denn sie ist es, die dich deinen Schatz und deine Glücksgefühle richtig genießen lässt.

Und da in jedem Ende gleichzeitig auch ein neuer Anfang enthalten ist, kannst du dich erneut auf die Reise machen. Vielleicht etwas vollkommen Neues ausprobieren, was du zuvor noch nie versucht hast. Oder etwas, was dir bisher noch nie gelungen ist, nochmals - ganz bewusst - angehen.

Sofern du dich dazu entschließt, ist wieder alles möglich. Alles ist ein Erfahrungsfeld und du bist der Chef.

Die Entscheidung liegt bei dir.

* Wenn du einen Ruf hörst, dann folge ihm!

* Wenn dich eine Sehnsucht plagt, dann geh ihr nach!

* Wenn du einen Wunsch hast, erfüll ihn dir!

* Wenn du ein neues Ziel erreichen willst, dann mach dich auf den Weg!

* Du bist der Schöpfer, der Bestimmer, der Herrscher (Chef oder auch *König* genannt)… Es ist dein Leben. Du bestimmst, was alles in deinem Drehbuch - deinem goldenen Buch - geschrieben werden soll. Keiner weiß es so gut wie du, schließlich bist du der Drehbuchautor und Regisseur. Nun bist du auch der Hauptdarsteller, denn die Nebenrollen legst du alle ab (sofern du das willst, natürlich :)

Wenn du allerdings lieber die Nebenrollen spielst, dann ist das auch ok. Wobei du dann sicherlich nicht dieses Buch gefunden hättest, somit also eher nicht :))

Das Einzige, was dir noch im Weg stehen könnte, bis du selbst.

Auf der Heldenreise wirst du mit allen Bereichen deines Lebens konfrontiert.

Du bist nun darauf vorbereitet und weißt, was auf dich zukommt. Über dieses Buch hast du dir selbst eine bewusstere Ordnung geschenkt.

Persönlich abgestimmte Heldenreisen mit 1:1 Begleitung gibt es in meiner Heldenpraxis.

Doch vielleicht hat sich ja auch schon, nur durch das Lesen dieses Buches, deine Wahrnehmung etwas verfeinert und deine Intuition in Bereitschaft versetzt. Du bist vielleicht in Aufbruchstimmung gekommen, und du hast hoffentlich auch an Power und **Helden*Mut** hinzugewonnen.

Deine Fähigkeiten, Geschenke und deinen Schatz anzunehmen, könnten sich auch schon mehr entwickelt haben. Dies ist sicherlich geschehen, selbst wenn du es mit dem Verstand noch nicht nachvollziehen kannst. Doch vielleicht merkst du es ja auch bereits schon sehr deutlich.

Wenn du es zulässt, wird sich deine Persönlichkeit weiterentwickeln und entfalten. Alles ist hier möglich, Grenzen gibt es - wie du weißt - nur in deinem Kopf.

Wenn du darum bittest (du die Absicht erklärst) und du dranbleibst (Fokus - Fokus - Fokus), dann bin ich sehr gespannt, wie dein Leben ab sofort verlaufen wird.

Wenn du es zulässt und gezielt die Werkzeuge anwendest, du dich nicht weiter mit den Zweiflern und Verhinderern beschäftigst, sondern im Bewusstsein bleibst, dass alles ein Prozess ist, wird sich deine Welt verändern.

Der Prozess ist aktiviert, mit dem Ziel:

ICH BIN ICH ... und ich lebe mein Leben wie ich es will...

Deine Wünsche, deine Träume, dein Lebensglück!

Denn genau deshalb bist du hier!
Mach dir nochmals bewusst: »Alles ist möglich!«

Die Energie bewegt sich, sie verlagert sich... verändert sich... jeden Tag, immer ein bisschen mehr...

Ununterbrochen.

Was du gestern warst, bist du jetzt nicht mehr.

Du bist heute ein neues DU. Es ist ein fortlaufender Prozess. Ein Prozess, in dem sich dauernd und ständig etwas verändert. Der Prozess des Lebens. Der Prozess der Veränderung. Was zu Beginn deiner Heldenreise war, (die du mit Lesen dieses Buches begonnen hast) hat sich jetzt bereits weiterentwickelt. Und du bist nun in der Lage, weitere Veränderungsprozesse künftig viel bewusster zu gehen.

Spielerisch, leicht und bewusst.

Immer und immer wieder gibt es Veränderungen. Das ist das, was sich *Leben* nennt.

Konfuzius sagte einst:

»Wer immer glücklich sein will, muss sich stets verändern«

Wie recht er hat.

Die Werkzeuge, die ich in den Reiseführern für Helden beschreibe, wende ich jeden Tag an. Mit Freude, Spannung, Neugier... und manchmal auch, weil es notwendig ist.

In jedem Band und Heldenratgeber kommen weitere Werkzeuge hinzu, die dir auf deiner Lebensreise behilflich sein können.

Es gibt auch bei mir Tage, da fühle ich mich unwohl. Auch gibt es hin und wieder ein Gefühl, als ob jemand an mir zieht, mich zurückhalten will. Das fühlt sich dann so an, als ob was an mir oder mit mir nicht stimmt. Was natürlich Quatsch ist. Im Unterschied zu früher ist das allerdings nur noch für kurze Zeit so, dass die Unordnung - das Chaos - sich bemerkbar macht. So zwischendurch... so für eine Stunde, manchmal auch nur ein paar Minuten, allerhöchstens auch mal für einen ganzen Tag :) Es kann sein, dass ich mich dann sehr müde fühle und manchmal überfällt mich auch eine innere Unruhe oder ein komisches Gefühl.

Was mach ich dann?

Ich stelle Fragen!... oder mache eine Meditation, mitten am Tag (außerhalb meiner Routinen)! Ich ziehe mich zurück, lese ein Buch, höre Musik oder schlafe eine Weile.

Gibt’s ein größeres Chaos im Außen, stelle ich die Ordnung wieder her, verschaffe mir einen Überblick und stelle in Klarheit meinen Helden*Plan zusammen.

Merke ich, dass wieder ein Veränderungsprozess ansteht, setzte ich mir ein klares Ziel und gehe den Veränderungsprozess - die Heldenreise - ganz bewusst an. Step by Step. Kontinuierlich. Ziel- und Siegessicher.

Ich spreche mit meinem »himmlischen Team« (Engelgruppe/ Höheren Selbst/ Universellen Helfern/Universum/der göttlichen Quelle ... jeder nennt es ein bisschen anders).

* **Ich** frage und kommuniziere über meine Intuition.

* **Ich** bin achtsam und liebe mich selbst.

* **Ich** entscheide mich stets bewusst für mich.

* **Ich** habe die Führung, ich gebe an, wohin ich will.

Steht dies auch in meinem großen Lebensplan, geht die Umsetzung ruck zuck. Gibt es noch eine Möglichkeit für Wachstum, werde ich auch über Umwege ans Ziel geführt. Alles ist richtig und gut - so meine tiefste Überzeugung - ich bin ganz im Vertrauen!

Heute empfinde ich jeden Abschnitt meiner großen Helden-Lebens-Reise als Geschenk. Ich wachse. Werde immer größer, stärker und weiser. Ich erfahre. Ich lenke. Ich bestimme. Ich führe.

Gleichzeitig lasse ich mich führen, von meiner göttlichen Kraft, die in mir ist.

Das Ziel ist klar gesetzt, der Weg formt sich entsprechend.

Das gibt mir eine große Sicherheit, und ich kann mich, neugierig und gespannt wie ein Kind, darauf einlassen. (Meistens jedenfalls :))

Die Überraschungsepisoden kann ich deshalb so leichtnehmen, weil ich - wie bereits erwähnt - vollstes Vertrauen habe und weiß, dass ich

* immer zur richtigen Zeit am richtigen Ort bin.

* ich beschützt und geführt bin.

* garantiert an meinem Ziel ankommen werde.

* im schlimmsten Fall eine Erfahrung mache.

Es gibt also nichts, wovor ich wirklich Angst haben müsste!

Es kann mir nichts passieren, weil ich die Dramen abgelegt habe.

So kommt es dann so, wie es komme soll, darf und muss. Ich nehme alles an, so wie es ist. Dies ist für mich möglich, weil ich vorher alles getan habe, was wichtig ist, wie z.B. meine Träume, Wünsche und Ziele zu definieren und mein *Warum* zu kennen.

Ich weiß, was ich will und
was am Ende dabei raus kommen soll!

Dann läuft es ... es fließt... und alle Energie richtet sich auf das Ziel aus. Es geht nicht anders, es geschieht wie fast von alleine. So habe ich es eingegeben. Das ist Helden-Magic!

Ansonsten lache ich viel und freu mich generell am Leben. Ich habe Spaß - Größtenteils zumindest :)

Wenn nicht, dann zieh ich mich zurück.

Wenn also was aus der Tiefe auftaucht, dann weiß ich, dass es die weitere Schicht meiner Wirklichkeit ist, die auftaucht, um geklärt und verändert zu werden.

Und wir Superheldinnen und Superhelden wissen dann, was zu tun ist:

Wir nehmen es einfach an
und verändern die Energie,
wie wir wollen.

So funktioniert es, wenn du in der 2. Bewusstseinsebene bist. In der ersten Ebene machst du noch andere Erfahrungen dazu. Doch die Superhelden wissen bereits, wie sie Energien gezielt einsetzen und lenken können. Wer es noch nicht weiß, kann es lernen. Ist gar nicht so schwer!

Mir mein Leben zu erschaffen, so wie ich es will, ist so ein großes Glücksgefühl, dass ich es kaum in Worte ausdrücken kann. Ich finde es absolut aufregend und spannend.

Das einzige was du brauchst ist Vertrauen. Selbstvertrauen, um genau zu sein.

Jeder einzelne von uns ist Chef seines Lebens, wir bestimmen, wir entscheiden, wir gehen mutig unseren Weg (auch wenn er manchmal für andere sonderbar erscheinen mag).

Die Hauptthemen der Helden und Heldinnen, die ich auf ihrer Reise begleite, sind:

Beziehungen/Partnerschaft - Gesundheit - Kinder/Kinderwunsch/Familie - Moral - und Glaubensthemen - Ent*scheidungen - verdrängte Trauer - Tabuthemen und auch Prägungen aus der Vergangenheit, die sie daran hindern, weiterzugehen, was sich manchmal ausdrückt durch ein sogenanntes Burnout oder psychisch, depressive Verstimmungen oder gar Depressionen.

Mit der Heldenreise ist eine Veränderung mit Bewusstsein möglich und somit viel leichter!

Alle Wünsche dürfen in Erfüllung gehen. Manchmal dauert es eine Weile, nämlich dann, wenn bestimmte Erfahrungen fürs Leben gemacht werden wollen. Die Zeit kann ganz schön spannend sein. Auch aufregend. Manchmal auch voller Trauer oder Zweifel. Sehnsüchte, die nicht beachtet werden oder auch ein entsprechendes Mindset können den Erfolg behindern.

Aber oft liegt es einfach daran, dass sie ihr eigenes Leben (oder ihre Weiblichkeit/Männlichkeit) nicht leben, anstatt dessen gut funktionieren und sich verunsichern lassen in dem, was sein darf und was nicht.

Mit anderen Worten: Sie leben nicht ihr Leben, sondern dass eines anderen. Marionetten-Syndrom nenne ich das. Kenn ich. Die Symptome hielten damals lange an, bis ich endlich den Mut zur Veränderung hatte.

Die Helden und Heldinnen, die die Heldenreise ganz bewusst durchlaufen und die Hilfen und »Werkzeuge« (Übungen/Reflexionen/Routinen) auch nachhaltig anwenden, sind die, die immer wieder in der Energie des Glücklich-Seins baden dürfen. Sie fühlen wieder, können sich drauf einlassen, auf jeglichen Prozess. Blockaden und Ängste lösen sich auf, sie LEBEN und ERFAHREN einfach und sind (be)wertungsFREI

* Sie haben gelernt, Fragen zu stellen!

* Zu fragen ist Kommunikation

* Kommunikation ist Austausch

* Austausch beruhigt

* Beruhigung gibt Sicherheit

* Sicherheit gibt Frieden

* Frieden gibt ein Gefühl der Liebe

* Liebe schenkt dir Glücksgefühle ... und hiervon gibt es jede Menge, je gelassener und freudiger du dein Leben angehst, oder besser gesagt: »führst«

  Ja wirklich:
  Wir führen unser Leben!
  Wir können die Energie lenken!

Wenn wir es nicht tun, machen es andere für uns. Und wohin uns das »führt«, wissen wir alle. ☺

Darum triff die Entscheidung FÜR DICH und DEIN LEBEN.

Was mich wirklich glücklich macht ist, wenn Helden und Heldinnen mir Feedback geben und mir mitteilen, wie sehr sich ihr Leben positiv verändert hat. Und dass ihr Leben viele Überraschungen parat hat, sie aber jetzt ganz anders damit umgehen können. Sie nehmen es jetzt leicht und freudig an (juhuu). Was für eine Bereicherung sie jetzt in sich tragen und wieviel mehr Kraft sie seither zur Verfügung haben! Kein Wort mehr über Burnout und Depressionen. Auch die Traurigkeit und (Sehn)Süchte haben ihren richtigen Platz eingenommen, so dass die jetzigen Tränen eher was mit Befreiung und Erlösung zu tun haben.

Wie glücklich darf ich mich schätzen, dass ich so viel zur Veränderung des Schreckgespensts mit dem Namen: »Veränderung« beitragen kann.

Meine Dankbarkeit lässt sich kaum in Worte fassen.

AN' ANASHA... was für ein großartiges Geschenk, das mich erfüllt und glücklich macht!

Die Lösung ist wirklich einfach

Ich weiß, dass es sich oft nicht leicht anfühlt, vor allem, wenn man alleine auf der Reise ist, wenn Menschen mit ihren Ängsten und Mindsetmustern zu kämpfen haben. Dieses ewige „ich würde gerne - aber…“. Dann trauen sie sich doch nicht, weil es sicherer scheint, da zu bleiben, wo sie sind. In ihrer gewohnten Umgebung, da kennen sie sich schließlich aus. Immer wieder siegen die Schwellenwächter und die Helden oder Heldinnen drehen wieder um und gehen zurück. Wenn der erste Schritt gemacht ist, bedeutet es nicht automatisch, dass der Weg in einem Rutsch gegangen werden kann. Oft fehlt der Mut oder die Ausdauer. Dann fehlt es mal wieder an der Motivation und Gedanken an Aufschub machen sich breit, denn „eigentlich ist es ja gar nicht so schlimm“...

Doch erfahrungsgemäß dauert es dann nicht lange, bis die nächste Sehnsuchtswelle kommt. Das ist dann meist die Phase, wenn die Helden sich eine Heldenreise Begleitung buchen. Dann ist meist der Schmerz größer als die Angst. Genau dann verhilft die Not zum nächsten Schritt. Und ich freu mich, weil ich weiß, jetzt ist der Wille und das *WARUM* (die Sehnsucht, der Wunsch) so groß, dass sie jetzt über die Schwelle kommen und sich in der Regel von nichts und niemandem mehr aufhalten lassen. Schwellenwächter werden natürlich auch sehr massiv, je mehr du zögerst. Es ist nicht so, dass ich diese »Zögerungen« nicht auch hätte. Und es ist auch so, dass meine Wächter auch gern mal laut versuchen, alles zu boykottieren - Ja!

ABER: Ich kenn das ja. Ich durchschaue ihre Rolle und das Spiel dahinter sehr schnell. Ich weiß, worum es hier geht und was das alles für einen Sinn hat. Bewusstsein hilft hier enorm weiter. Und ich habe in all den Jahren gelernt zu denken, was ich will. Meistens auf jeden Fall ☺ - meinen Geist selbst zu bestimmen und mein Leben zu steuern. Und wenn ich das kann, kannst du das auch :)

Wichtig zu wissen -

das Umsetzen kann kein anderer Mensch für dich tun, auch kein Coach. Das ist der Part, den Eltern sehr gut kennen. Zu sehen, dass das Kind zum 10ten Mal hinfällt, weil das Gleichgewicht auf dem Fahrrad noch nicht gehalten werden kann. Aber es auch keine Hilfe ist, wenn es mit 30 noch Stützräder braucht oder wir es jedes Mal festhalten, hinterher springen oder es gar nicht selber fahren lassen, vor lauter Über-Fürsorge.

Es auszuhalten und voller Liebe und 100% Vertrauen, die Energie zu halten und ganz genau zu wissen, dass der Tag kommen wird, an dem es klappt!

Genau so geht es mir als Coach.

Ich weiß, dass wir alle es irgendwann können.

Ich zeig dir, wie Balance halten geht und wie du leicht und spielerisch durch den Prozess der Transformation kommst. Ich halte dir die Energie, glaube an dich und schaffe ein Umfeld voller Liebe und Bestärkung.

Ich weiß, dass jeder es schaffen kann. Wirklich jeder. Auch wenn es im Moment unlösbar und ausweglos scheint.

Die Heldenreise stärkt dich und - durch deine Absicht und den Fokus auf dein Ziel - bereitest du dir ein Feld, indem du wachsen kannst. Du lässt dich von niemandem mehr klein reden. Auch wenn deine Träume total verrückt sind oder ganz anders, als es deine Mitmenschen von dir erwarten oder erhoffen. Du darfst deine Träume leben. Wenn nicht jetzt, wann dann?

Lass uns ehrlich sein. Eine liebevolle, gigantische, selbst- bestimmte Heldin oder ein selbstbewusster, erfolgreicher, feinfühliger Held zu sein ist meist ein einsames Spiel und man ist manchmal allein auf dem Weg zu seinem Ziel. Dies gilt ganz besonders dann, wenn du als Pionier den anderen vorausgehst und du Dinge in deinem Kopf und Herzen trägst, die sich deine Mitmenschen nicht mal in Bruchteilen vorstellen können.

Ständig die gleichen Herausforderungen und Begrenzungen. Sich die meiste Zeit selbst im Weg zu stehen und den Wald vor lauter Bäumen nicht zu sehen, ist die Folge daraus. Dich selbst immer wieder neu auszurichten und dich auf dein Herzens-Ziel zu konzentrieren, hilft dir hierbei enorm.

Die Wahrheit ist, es braucht eine totale Revolution in unseren Denkstrukturen, eine Mindset-Evolution, um dahin zu kommen, wo wir hinwollen, um das zu erreichen, was wir wirklich erreichen wollen. Ein totales Verlernen von dem, was uns bisher geholfen hat und ein grundlegendes Neu lernen. Immer und immer wieder. Das ist eine wirklich große Nummer! Und manchmal brauchen wir Hilfe und Unterstützung, um diese kolossale Wandlung zu machen.

Und auch da fühl ich mich als Helden-Coach und Helden-Mama, sowie als Superhero täglich herausgefordert. Denn wir schaffen ein „Zuhause“ in einer Welt, in der es plötzlich ganz andere Spielregeln gibt. Alte Strukturen brechen auf oder auseinander. Neue Herausforderungen erwarten uns, vieles im Außen verunsichert uns. Es scheint so, dass eine völlig neue Welt entsteht. Lange haben wir darauf gewartet, und nun ist es soweit.

Ein Spagat zwischen Alt und Neu, zwischen Bekannt und Unbekannt. Sicherheit und Unsicherheit wechseln sich ab.

* Wo ist dein Platz?

* Was willst du leben?

* Was ist dein großes Ziel?

Und was sind deine Zwischenziele auf der Heldenreise DEINES Lebens?

Die meisten meiner Helden haben darauf erst mal keine Antwort, zu Beginn ihrer Reise auf jeden Fall. Allgemein fällt mir auf, dass die wenigsten Menschen konkrete Ziele für ihr Leben haben. Doch ohne Plan (Ausrichtung auf dein Ziel) wirst du in deine wahre Größe nicht wirklich hineinwachsen können.

* Was ist dein Lebensplan?

* Was ist dein großes Ziel, das du dir für dein Leben hier gesteckt hast?

Was immer es auch ist, die Zeit der Einsamkeit ist vorbei. Allein sein war gestern. Ab jetzt reisen wir zusammen. Wo immer dich deine Reise hinbringen wird, was immer du dir für einen Weg gewählt hast. Es ist ein Weg wieder zurück, in eine Gemeinschaft, in der wir miteinander in Liebe und Freude das Leben genießen können. Glücklich sein ist das Ziel. Tief im Herzen (wieder) die Liebe spüren.

Klingt ziemlich phantastisch in diesen Corona Zeit, zeigt sich doch das Außen gerade völlig anders. Doch ich sage dir: Das ist das große, universelle Ziel dahinter. Was also kann uns ein Virus ausmachen, wenn wir den Fokus auf das lenken, was wir aus tiefstem Herzen leben wollen? ☺

So nähern wir uns dem Ende…

…damit das Neue beginnen kann

Wofür du dich bislang gehalten hast, ist nicht wirklich relevant. Deine alte Persönlichkeit ist das, was die Prägungen deiner Vergangenheit aus dir gemacht haben. Deine neue Persönlichkeit bestimmst du künftig selbst.

* DU bist DU!

* Die Zeit ist gekommen,

* die Welt steht dir offen.

* Veränderst du dich, veränderst du die Welt.

Das wird deine größte Abenteuerreise, so wie sie nur Heldinnen und Helden machen.

Darum möchte ich dich einladen zur Entdeckung deines Bewusstseins: SEI DU SELBST... und genieße, lebe deine Wünsche und deine Träume.

Denn es ist DEIN Leben - individuell und einzigartig schön darf es sein.

Herzlichen Glückwunsch und alles Liebe und Gute für dich... für uns... und alle Heldinnen und Helden dieser wundervollen Welt.

In meiner Buchreihe geht es um unsere Lebensreise.
Es geht ums **Leben**.
Unsere größte Reise, die uns letztendlich wieder zurück zu uns selbst führt. Das ist der Sinn des Ganzen.
Und das Finden unseres Selbst (Selbstfindung) ist gleichzeitig auch unser größtes Abenteuer.
Abenteuer werden dem Archetyp *Held* zugeschrieben.
Ein ausführliches Kapitel widme ich ihm - dem Archetypen - im nächsten Band.

Zusammengefasst lässt sich sagen:
In den Ratgebern bereite ich die Rückreise vor oder unterstütze und begleite diese Lebensreise, damit die Veränderungen leichter und schneller gehen. Wer bereits weiß, was auf ihn zukommt, fühlt sich sicherer. Der Mut wächst und umso schneller kann die Lebensfreude wiedererwachen. Denn darum geht es. Die Freude am Leben wiederzufinden.

Warum ich das mache?
Na weil ich diesen Weg vorausgegangen bin und weiß, wie anspruchsvoll und herausfordernd diese Reise ist. Ich war damals alleine und so manchen Weg gab es auch noch nicht. Aus dem Dickicht im Dschungel erschuf ich einen Pfad, legte dann Wege an und baute mitunter auch sichere Straßen. So haben es die Mutigen, die sich nun auf den Weg machen, viel leichter. Dazu hin sind sie jetzt - durchdass der Weg angelegt und frei ist - auch noch viel schneller. Die Einheit, das Miteinander, die Gemeinschaft leben - in Liebe und Respekt zu- und füreinander. Da hüpft mein Herz und meine Freude erwacht zu neuem Leben. Freude gibt dem Leben Sinn.

Lebensfreude macht dazu hin Spaß, und das Leben soll und darf ja auch Spaß machen. Nicht nur ein bisschen - nein - gaaaanz ganz viel.
Darum sitz ich hier und schreibe, voller Freude, mit hüpfendem Herz.

Ich möchte schreiben, wie wenn ich dir gegenübersitze und erzähle. Natürlich habe ich den Anspruch an mich, dass meine Werke *fehlerfrei* sind - ABER… wer ist das schon? Und muss denn wirklich immer alles perfekt sein?
Darum:
Solltest du in meinen Büchern einen Fehler entdecken, dann machen wir jetzt folgendes aus:

Jeder Fehler zaubert dir ein Lachen ins Gesicht!

Dieses LACHEN hältst du 1 Minute, denn es ist erwiesen, dass nach 60 Sekunden *Mundwinkel-nach-oben-ziehen*Glückshormone ausgeschüttet werden. Wirklich wahr, probiere es mal aus.
Du musst jetzt aber auch nicht unbedingt nach Fehlern suchen, um LACHEN zu können ☺☺☺
Auch *fehlerfrei* tut LACHEN mega gut!
Ich freu mich wenn du mir schreibst, wie oft du GELACHT hast und an welcher Stelle du einen Stolperstein-LACHER hattest. Wirklich… bitte mach das, ich freu mich darüber.
Und was dir gefällt, darfst du mir auch sagen und natürlich auch das, was ich - deiner Meinung nach - noch besser machen könnte. Oder was dich auf deiner Lebensreise gerade beschäftigt und ich womöglich einen Reiseführer darüber schreiben könnte…

Du ahnst ja gar nicht, wieviel Stress mir diese Vereinbarung, die wir beide jetzt miteinander haben, nimmt. Ganz entspannt kann ich so an meine weiteren Werke gehen. Hab vielen herzlichen Dank dafür.

Weitere Ebooks & Bücher

Oft haben wir Heldinnen und Helden Probleme und stehen vor Herausforderungen. Sie zu lösen ist manchmal ganz schön kniffelig und anspruchsvoll.

So gibt es die stets wachsende Heldenbibliothek mit den unterschiedlichsten Heldenthemen inkl. der passenden Heldengeschichten.

Stets geht es um Bewusstsein und darum, dass JEDE Veränderung möglich ist!

* Trau dich, DU SELBST ZU SEIN.

* Lerne dich in diesem Spiel des Lebens selber besser kennen.

* Lebe DEIN Leben! (so wie du es willst).

Die Reiseführer für Helden
sind spannende Leitfäden für die Realisierung von Veränderungsprozessen.
Die Ratgeber unterstützen dich darin, das Alltägliche zu hinterfragen und dich mutig und vertrauensvoll auf eine ungewisse Reise zu begeben.
Lerne selbstbestimmt und kreativ dein eigenes persönliches Drehbuch zu schreiben und zum Regisseur deines Lebens - und

deines Teams - zu werden Deine authentische Führungskompetenz und die Entwicklung/Entfaltung deiner Persönlichkeit stehen dabei im Fokus.

* Das Basisbuch - beschreibt diese Reise und denVeränderungsprozess.

* Für jede Phase der Heldenreise gibt es ein entsprechendes Arbeits- und Erfolgs-Tagebuch zur praktischen Unterstützung und direkten Umsetzung.

Aufbruch - Band 1
Transformation - Band 2
Integration - Band 3

* Weitere Ratgeber zur Selbsthilfe in verschiedenen Lebensbereichen, Persönlichkeitsentwicklung inkl. Archetypen entstehen nach und nach.

Wenn du tust, was du liebst
und liebst, was du tust,
bist du auf deinem Seelenweg.

Wenn die Lebensfreude jubelt
und dir dein Leben Spaß macht,
dann weißt du,
dass du auf dem richtigen Weg bist!

Darum schreibe ich…

für dich und für alle, die die Liebe und Freude wieder spüren und glücklich leben wollen.

Abschließende Worte

Die Dankbarkeit ist ein ganz spezielles Gut.

Gäbe es den einen großen Schlüssel zum Königreich, dann stünde dort, auf dem Anhänger, „Dankbarkeit".

Einen großen Schatz erhältst du durch das Geheimnis der Dankbarkeit. Denn es ist so:

Sobald du dir selbst gegenüber Dankbarkeit empfinden kannst, dann ist es die einzige Möglichkeit, dass du auch für alle anderen Dankbarkeit empfindest. Sie ist dann einfach da.

Wäre es dir - als Abschlussübung - vielleicht möglich, die nächsten 10 Sekunden ganz dir und deiner Dankbarkeit zu widmen! Einfach nur in die Dankbarkeit für dich selbst und deinen Körper? Und bist du bereit, diese Dankbarkeit auch überall um dich herum zu spüren,... in dir, ... über dir,... unter dir,... einfach so, als umarme dich jemand, der dich bedingungslos liebt. Genauso, wie du bist. Mit all deinen Stärken und nicht so starken Seiten und Anteilen. Einfach so, wie du bist.

* Wie würde sie sich körperlich anfühlen, diese Dankbarkeit?

* Welche Möglichkeiten würde sie dir eröffnen?

* Was würde Dankbarkeit in dein Leben ziehen?

Alles wächst, wenn du deinen
Fokus darauf lenkst.

So wächst auch deine Dankbarkeit, wenn du deine Aufmerksamkeit darauf lenkst.

Und so sage ich dir jetzt ebenfalls:

Vielen Dank, dass du dieses Buch bis hier hin gelesen hast. Auch, dass du dir die Zeit genommen hast, in dich selbst zu investieren. Es liegt mir sehr viel daran, dass dieses Buch der Heldenreise dazu beiträgt, die Welt zu einem besseren Ort zu machen. Weißt du, wenn du etwas aus dem Buch mitnehmen und für dich umsetzen kannst, dann hat es seinen Zweck bereits erfüllt.

An dieser Stelle möchte ich dich gerne um Hilfe bitten.

Bitte sei so nett und rezensiere das Buch auf Amazon. Ein paar wenige Sätze, eine kurze »Bewertung«, wie es dir gefallen/geholfen hat reicht schon - Herzlichen Dank dafür!!

AN 'ANASHA (Dankeschön in der Lichtsprache)

Aus der Tiefe meines Herzens bin ich dankbar für die Geburt dieses Buches. Die Entstehung eines Buches kommt immer einer Geburt gleich. Es fließt enorm viel Energie und Liebe mit hinein, damit du, als Leser/in es in der reinsten Essenz aufnehmen kannst. Genauso, wie es für dich richtig, gut und passend ist.

Mein Dank geht auch an alle die, die mich in die Energie brachten. Einige davon nannte ich bereits. Auf meinem gesamten Lebensweg waren es so einige, die ich nicht alle namentlich erwähnen kann. Teilweise kenne ich die Namen gar nicht, doch sie haben einen Platz in meinem Herzen. Mein Herz ist so groß, dass ALLE darin gemütlich Raum finden. Ihr seid mir wertgeschätzte Wegbegleiter, Seelenfreunde und Gefährten.

Kontakt zur Autorin

shakira.geisel@web.de

Shakira Geisel ist

LebensCoach - mit Fokus auf Persönlichkeitsentwicklung und (Selbst) Bewusstsein - & psychologische Beraterin mit viel Spirit im Blut.

Zusammengefasst: »Reiseführerin für Helden«

Sie steht für ein ganzheitlich freies, gesundes und glückliches Leben in Leichtigkeit und Freude.

Ihr Leben lang beschäftigt sich die vierfache Mutter, Power*Frau und Freigeist*Woman unermüdlich und begeisternd mit den Themen Selbstfindung und Persönlichkeitsentwicklung und steht bei ihren Helden und Mentees für Herzens*Power mit Tiefgang mit authentischen Ergebnissen.

Aufgabe:

In ihren Helden-Mentorings lehrt sie Frauen und Männern, ihr Denken, Fühlen und Handeln selbst in die Hand zu nehmen, ihren wahren Spirit zu entdecken, durch mehr Bewusstheit die eigenen

Potentiale zu entfalten, neue Möglichkeiten zu erkennen und ihre Fähigkeiten und Stärken einzusetzen.

Mutig und selbstbewusst JA zum Leben sagen, um so ein authentisches, freudvolles und glückreiches Leben führen zu können.

Mission:

Unzähligen Helden und Heldinnen dabei zu helfen, ihr Leben positiv zu verändern. Sie unterstützt, coacht und begleitet Frauen und Männer dabei - die für sie alle Helden und Heldinnen der neuen Zeit sind - für sich selbst und ihre eigenen Lebenswünsche, Ziele und Visionen einzustehen, sich selbst in ihrer wahren, charismatischen Helden*Power zu entdecken, sich selbst zu leben und mutig den Weg ihres Herzens zu gehen. Dies auch, wenn es für andere verrückt und unmöglich erscheint. Sie ist überzeugt davon, dass alles, was ihr selbst möglich war, für ALLE möglich ist. Das scheinbar Unmögliche wird Wirklichkeit!

Meine Heldinnen-Gedanken

... und persönliche Worte an dich

Viele spüren in ihrem Herzen den Ruf des Abenteuers, der Sehnsucht, des Wachstums. Sie träumen von einem leichten, gelassenen und vor allem selbstbestimmten Leben. Sie träumen von Mut und Entschlossenheit, von Freiheit und Freude.

Und doch gehen viele nicht den nächsten Schritt, weil ihr Verstand sie zurückhält. Sie haben Angst davor, was es bedeuten würde, etwas zu verändern, sie haben Angst vor Schmerz und davor, etwas zu verlieren. Angst, ihre wahre Größe anzuerkennen oder über irgendwen hinaus zu wachsen. Über ihren Partner, die Eltern, Geschwister, Freunde oder sich selbst.

Wenn sie dem Ruf folgen, könnten sie ja aus dem Nest fallen und fliegen.

Und so bleiben viele in ihrem warmen Nest sitzen und sehen jeden Tag den selben Horizont und träumen weiterhin von einem Leben außerhalb. Und mit der Zeit wird die Sehnsucht im Herzen immer leiser und man sagt sich, dass man der Welt ja sowieso nichts Spannendes zu bieten hätte.

Was aber, wenn deine einzige Aufgabe ist, zu strahlen und die Welt zu inspirieren? Und über alles und jeden hinaus zu wachsen, der dir begegnet. Auch über die Person, der du jeden Tag im Spiegel begegnest :)

Früher habe ich mich auch oft klein gemacht und mich im Hintergrund gehalten.

Doch weißt du, was ich festgestellt habe: Es war gelogen, als man mir sagte:

* Träume sind Schäume.

* Dass ich nicht erreichen kann, wovon ich träume.

* Dass ich nicht gut genug bin.

* Dass es schwer ist.

* Dass ich vor irgendwas Angst haben müsste.

Ganz im Gegenteil!

Es ist die wildeste, coolste, schönste, tiefste Reise, wenn du dir erlaubst zu träumen! Jeden Tag größer! Und jeden Tag ein bisschen mehr davon wahr zu machen. So endlos der Himmel und die Sterne und so kraftvoll der helle Mond sind, steht dir ein unendliches Universum und Abenteuerland zur Seite, das dir die Wunder in dein Leben zaubert, wenn du bereit bist, für deine

Herzens*Träume zu gehen.

Trau' dich FÜR DICH und DEIN LEBEN! Dafür bist du hier! Zum über dich Hinauswachsen, zum Funkeln und Strahlen und zum Inspirieren. Stell dir vor, wie cool das wird, wenn unsere Kinder sich gar nicht mehr ans Träumen erinnern müssen, denn sie werden nicht vergessen, was ihre Träume sind.

Wenn nicht WIR die Welt verändern, wer dann? ... und bei uns selbst fangen wir an!

Eine Rätselfrage zum Schluss:
Was ist das geniale der Dualität?

Antwort:
Die Polarität (die du für dich nutzen kannst).
Es gibt immer einen Gegenpool. Was bedeutet:

Tritt ein "Problem" auf, gibt es automatisch auch schon die “Lösung“!
Kein Problem ohne Lösung!

Wenn du das Problem verstanden hast (Kopfebene), dann konzentriere und befasse dich ausschließlich nur noch mit der Lösung. Dein Herz weist dir den Weg.

Kopf und Herz vereint ist Liebe pur.

In diesem Sinne wünsche ich dir eine gute Weiterreise.

Bis zum nächsten Mal - hier - auf diesem Bahnsteig ...
... an unserem Gleis, das speziell für Helden gebaut wurde.

Trau dich, dein Leben gehört DIR.

Von Herzen
Deine
Shakira

PS: Wenn dir die Idee der Heldenreise als Veränderungs- und Entwicklungskonzept gefällt, und du deine eigene Heldenreise - mit Reisebegleitung - in einem dir wichtigen Thema angehen magst, dann nimm ganz einfach Kontakt mit mir auf unter:

shakira@heldenreise-blog.de

und schau gerne auch in meinen Heldenreise-Blog rein unter:

www.heldenreise-blog.de

Die Reise zum Buch

Online - im Heldenraum - sowie auch auf realen Reisen.

Die größte Herausforderung deines Lebens
ist die Reise zu dir selbst!

Deine persönliche Heldenreise mit 12 Reisestationen - auf dich und dein persönliches Träume, Wünsche und Ziele abgestimmt wie z,B.

* Selbst VERTRAUEN braucht Mut

* Erdung auf allen Ebenen

* Die Vereinigung deiner Kraftquellen

* Deine Fähigkeiten

* Selbstliebe

* Lichtkörper & die Kraftquelle deiner Aspekte

* Körperliche - Mentale - Emotionale - Spirituelle Ebene

* Deine innere Familie (Helfer)

* Loslassen was belastet, die Freiheit ruft

* Eintauchen in deine Ursprungsenergie - erfahre mehr über deinen Ursprungsnamen (mit Einweihung)

* Raftan (Energieanhebung und Stabilisierung)

* Deine persönliche Engelsgruppe (mit Einweihung)

* Elise Lebensenergie (mit Einweihung zum EliseHeiler)

* Intuitionstraining (mit Einweihung) usw.

* Dualseelen Tango und Seelenpartner Blues

* Tiefer Abschieds- oder Trennungsschmerz, Trauerthemen

* Sehnsüchte, unerfülltes Lebensglück?

* … was ist dein Thema, das dich gerade herausfordert?

Ich hole dich dort ab, wo du gerade stehst!

Reiseziel:

☺☺ Über die Selbstfindung – glücklich das Leben genießen ☺☺

Inspirations Quelle & Literaturempfehlung

In Anlehnung an Dr. Dain Heer (Access Consciousness) und Dr. Joe Dispenza habe ich diverse Experimente, Meditationen, und Reflexionen kennen und schätzen gelernt. Aufgrund meiner Erfahrungen mit Heldinnen und Helden, die ins Heldenreisen Coaching mit mir gingen, liegt mir viel daran, dieses Wissen in der Essenz mit einfließen zu lassen.

Sehr beeindruckend war für mich das Buch von Dain Heer »Sei du selbst und verändere die Welt«. Es beschreibt alles, was ich fühle und erlebt habe.

Ebenso Dr. Joe Dispenza. Er unterlegt und erklärt wissenschaftlich fundiert, was ich von Kindheit an unbewusst tue. Es ist einfach in mir.

Transformation auf höchster Ebene.

All die Kopfmenschen, die einen Beweis und wissenschaftlich unterlegte Beschreibungen brauchen, sind bei »Dr Joe« genau richtig!

Der Hirnforscher verknüpft seine Erkenntnisse mit der Einsicht, dass jedem von uns eine immense Kraft innewohnt und dass wir Schöpfer unseres Lebens sind. Für diejenigen, die bereits auf ihrem spirituellen Weg sind, sind die Bücher der *36 Hohen Räte* von Sabine Sangitar Wenig eine Bereicherung. Ebenso das Büchlein *Elise* von Andre Nama`Him, mit dem ich zusammen den Weg als Elise Trainerin und Meridian Architekten gehe. In dieser Gemeinschaft wirke ich als Pionierin und begleite als Priesterin, Heilerin und Bewusstseinstrainerin die 36 Schritte ins Erwachen.

Dies bedeutet:

Spirituell begleitete Prozessbegleitung (durch dick und dünn), so dass die 36 Schritte direkt ins wirkliche Leben integriert und in Freiheit und Freude gelebt werden können.